Art und wirtschaftliche Bedeutung

des

Abrechnungsverkehrs.

Vortrag,

gehalten in dem von dem Herrn Kammergerichtspräsidenten
veranstalteten Vortragszyklus für
Richter und Staatsanwälte des Kammergerichtsbezirks

von

Neander Müller.

Veröffentlicht im Auftrage des
Centralverbands des Deutschen Bank- und Bankiergewerbes.

Berlin 1911.
J. Guttentag, Verlagsbuchhandlung,
G. m. b. H.

Inhalt

Vorwort.

Die Inanspruchnahme der Reichsbank an den sogenannten schweren Terminen, insbesondere den Quartalsterminen hat im Laufe der letzten Jahre immer größere Dimensionen angenommen und bei der Leitung unseres Zentralnoteninstituts die Besorgnis hervorgerufen, daß bei einer sich etwa weiter fortsetzenden Steigerung der Ansprüche zu diesen Terminen unsere Geldverfassung, wie sie im deutschen Bankgesetze vom 14. März 1875 geordnet ist, gefährdet werden könnte. Die Reichsbank hat deshalb die Entnahme von Lombarddarlehen zu den Quartalsterminen mit einem nicht unerheblichen Zinsaufschlage belegt.

Durch diesen Vorgang ist von neuem die allgemeine Aufmerksamkeit auf die Rückständigkeit unseres Zahlungsverkehrs, namentlich innerhalb der breiten Schichten der mittleren und kleinen Bevölkerung, gelenkt worden. Denn eine der wesentlichsten Ursachen, die den übermäßigen, an den Quartalsterminen besonders empfindlich wirkenden Bedarf an Geldzahlungsmitteln in Deutschland verschulden, ist unstreitig die noch immer nicht genügende Beachtung und Benutzung der verschiedenen Wege des Abrechnungsverkehrs, als eines Mittels, ohne Verwendung von Metall- oder Papiergeld Zahlungen zu leisten.

Im Interesse einer Ausdehnung des Abrechnungsverkehrs auf alle Kreise der Bevölkerung dürfte es nützlich sein, einmal in zusammenhängender Weise die verschiedenen Arten des Abrechnungsverkehrs vorzuführen, um zu zeigen, welch gewaltige Leistungen derselbe überhaupt und namentlich in den kaufmännischen Großbetrieben ermöglicht und welchen Anteil er an unserem wirtschaftlichen Aufschwung hat.

Wir verwenden daher gern das uns auf unser Ersuchen freundlichst zur Verfügung gestellte Manuskript eines Vortrages, den Herr Neander Müller zu Beginn dieses Jahres in dem von dem Herrn Kammergerichtspräsidenten veranstalteten Vortragszyklus für Richter und Staatsanwälte des Kammergerichtsbezirkes gehalten hat. Im Interesse der Lebendigkeit der Darstellung haben wir die für den Vortrag berechnete Form des Manuskriptes unverändert gelassen; das Zahlenmaterial hat der Herr Verfasser auf Grund der nach dem Vortrage erschienenen Geschäftsberichte pro 1910 etc. bis auf die jüngste Gegenwart ergänzt.

Wir hielten es ferner für zweckdienlich, den Schluß des Manuskriptes, der sich mit dem Effekten-Abrechnungsverkehr zum Ultimo beschäftigt, mit zu veröffentlichen; der Inhalt dieses Teils konnte bei dem Vortrage wegen vorgerückter Zeit nur kurz angedeutet werden, er scheint uns aber gerade in dem hier gegebenen Zusammenhange von Wert, um den vielfach noch immer wahrzunehmenden Irrtümern über Wesen und Bedeutung der Börsentermingeschäfte weiter entgegenzuwirken.

Berlin, im Dezember 1911.

Centralverband des Deutschen Bank- und Bankiergewerbes. E.V.
Dr. Riesser.

Benutztes Quellen-Material.

Jahresberichte und Jubiläums-Denkschrift der Reichsbank.

Jahresberichte der Reichsbank über die Abrechnungsstellen.

Jahresberichte und Jubiläums-Denkschrift der Bank des Berliner Kassen-Vereins.

Statistische Jahrbücher des Deutschen Reiches.

Amtliche Pressemitteilungen über den Postscheckverkehr.

Verhandlungen des 3. Allgemeinen Deutschen Bankiertages zu Hamburg am 5. und 6. September 1907.

Handwörterbuch der Staatswissenschaften.

Bestimmungen und Geschäftsordnungen für die Abrechnungsstellen und für die Scheckaustauschstelle der Reichsbank.

Geschäftsordnungen und Ausführungsbestimmungen für den Inkasso- und Giro-Verkehr und für das Effekten-Giro-Depot der Bank des Berliner Kassen-Vereins.

Satzungen und Reglement des Liquidations-Vereins für Zeitgeschäfte an der Berliner Fondsbörse.

I.

Hochgeehrte Herren!

Will man über den kaufmännischen Abrechnungsverkehr, seine Art, seinen Umfang und seine wirtschaftliche Bedeutung[1]) einen Überblick gewinnen, so ist dafür meines Erachtens eine eingehende Beschreibung des täglichen Getriebes simpler geschäftlicher Verrichtungen — an der Hand der wichtigsten der gebräuchlichen Formulare — sowie die Beibringung von Zahlen absoluter und vergleichender Natur — wenn auch in möglichst beschränktem Ausmaße — unerläßlich. Die Sprödigkeit des Themas tritt bei dieser Art der Darstellung allerdings noch verstärkt hervor, aber ich hoffe trotzdem auf Ihr freundliches Interesse; handelt es sich doch um eine Materie, in welcher die Herren ja bereits alle selbst mit wenigstens einem Fuße in praxi darinstehen, seitdem der Herr Justizminister durch Erlaß vom 19. Dezember 1907 für die Gehaltszahlungen statt der Barzahlung nach Möglichkeit auf die Benutzung des Weges der Giroüberweisung an ein Bankhaus verwiesen hat.

Andere Zentralbehörden sind mit ähnlichen Erlassen gefolgt; aber es wäre erklärlich, wenn gerade in Beamtenkreisen deren Befolgung hier und da als unbequem empfunden wird, denn sie macht statt der einfachen baren Auszahlung am behördlichen Kassenschalter den — noch dazu stempelpflichtigen — Umweg über die Scheckausschreibung auf ein Bank-

[1]) Der Herr Reichsbank-Präsident wendet sich gerade in dem Augenblicke, wo diese Zeilen in Druck gehen, mit einer Ansprache im Zentralausschuß der Reichsbank (Sitzung vom 29. November 1911) an alle berufenen Kreise um Unterstützung der Bestrebungen zur Förderung des bargeldlosen Verkehrs. Er bittet, darauf zu achten, daß alle Firmen auf ihren Rechnungsformularen ihr Reichsbank-Giro- oder Postscheck-Konto angeben; die Reichsbank und ihre Zweiganstalten beabsichtigen fortan nur noch mit solchen Lieferanten in Verkehr zu treten, die ein Bank- oder Scheckkonto haben.

haus erforderlich, um mit deren Hilfe erst in den Besitz der für die Lebensführung nötigen Gelder zu gelangen. Aber dieses kleine Opfer der Unbequemlichkeit zu bringen, liegt im Interesse der Allgemeinheit, und es bringt schließlich, wie zu zeigen sein wird, auch fast jedem Einzelnen selbst Vorteile.

Je ausgedehnter nämlich der Abrechnungsverkehr wird, je mehr wir alle uns daran gewöhnen, fällige Geldverbindlichkeiten „bargeldlos" auszugleichen, um so weniger werden wir nutzlose Kassenbestände im Hause halten und um so mehr werden wir durch diese Ersparung des Bedarfs an Metall- und Papiergeld erfolgreich auf eine Senkung des landesüblichen Zinsfußes oder — wie der terminus technicus lautet — auf eine „Verbilligung des Geldes" hinwirken. Und abgesehen von demjenigen, der sein Vermögen bar auf der Sparkasse oder einer Bankstelle liegen hat und deshalb für teures Geld — d. h. einen hohen Zinsfuß — schwärmt, und demjenigen, der zum ersten Male Effekten- oder Immobilienbesitz erwerben will und deshalb zu bei teurem Gelde gedrückten Preisen kaufen kann, ohne hierbei gleichzeitig den Minderwert früherer Erwerbungen zu seinem Schaden berücksichtigen zu müssen, — abgesehen von diesen Kapitalisten-Kategorien hat fast jedermann, namentlich aber die Volkswirtschaft im ganzen, ein größeres Interesse an niedrigen Zinssätzen als an hohen[1]). Denn bei sinkendem Zinsfuße steigen die Kurse der Wertpapiere, die man früher erworben hat, oder sie fallen zum mindesten nicht, wie bei verteuertem Geldstande, gegenüber dem früheren Erwerbspreise. Mit Hausbesitz, Grund und Boden geht es ebenso; Hypothekengeld ist leicht zu haben; bequem erreichbarer Kredit befruchtet die Industrie; Handel und Wandel blüht, der Nationalwohlstand vermehrt sich und das Nationalvermögen vergrößert sich schneller.

Fragen wir uns nun, wieso die durch den Abrechnungsverkehr herbeigeführte Geldersparnis eine Senkung des landesüblichen Zinsfußes fördern hilft, so lautet zunächst die Antwort: Indem der Abrechnungsverkehr den Strom des

---

[1]) Etwas anderer Meinung ist Bernhard Dernburg in seiner Broschüre „Kapital und Staatsaufsicht" 1911. Verlag Mittler & Sohn.

Papier- und Metallgeldes aus den Händen des Publikums — als dort überflüssig — verdrängt, leitet er das vom Verkehr nicht mehr benötigte Geld auf direktem oder indirektem Wege in die Kassen der großen Zentralnoteninstitute, die sich der einfließenden Beträge zur Deckung ihrer Noten bedienen resp. hierdurch ihren Notenumlauf reduzieren. Je mehr nun kraft zunehmenden Geld-, namentlich aber Gold besitzes die Notendeckung gestärkt wird, desto leichter kann die Zentralnotenbank ihre Diskontpolitik handhaben, d. h. desto günstiger vermag sie ihren Leihgeldsatz, den in der betreffenden Volkswirtschaft allenthalben maßgebenden Zinsfuß für Wechseldiskontierungen und Lombarddarlehen, zu normieren. Desto weiter hinaus rückt hierbei gleichzeitig die Sorge um die Ausfuhr von Gold, um die Erreichung des „Goldpunktes".

II.

Von der Sorge um die Erreichung dieses Goldpunktes aber sind, namentlich in ernsten Zeiten, wenn nicht alle, so doch die meisten Maßnahmen der Leiter der Zentralnoteninstitute bestimmt, insoweit sie eben die Normierung des offiziellen Bank-Leihsatzes betreffen. Für diese Normierung, für die sogenannte Diskontpolitik, ist eben der Goldpunkt ein sehr wichtiger Faktor; was unter demselben zu verstehen ist, mögen die folgenden wenigen Worte erklären.

Wenn der deutsche Kaufmann Waren aus England bezogen und dort in englischer Währung zu bezahlen hat, so wird er im gewöhnlichen Verlauf der Dinge sich an der Berliner Börse einen englischen Lstrl.-Scheck kaufen lassen und ihn zur Begleichung seiner englischen Schuld nach England schicken. Dieser englische Lstrl.-Scheck darf ihm aber natürlich nicht teuerer zu stehen kommen, als wenn er ausgeprägte goldene deutsche Zwanzigmarkstücke in natura verpackt und nach London mit dem Auftrage sendet, sie dort einschmelzen und in englische Goldstücke umprägen zu lassen, um alsdann mit ihnen seine Schuld zu begleichen. Dieser Fall, daß der Ankauf des Lstrl.-Schecks teuerer wird als die Versendung der Zwanzigmarkstücke tritt ein, wenn an der Berliner Börse ein 1-Pfundscheck London höher als ca. 20,52 M. notiert. Ist mit diesem Kurse der „Goldpunkt" erreicht oder wird er gar überschritten, dann ist die Gefahr des Abflusses deutscher Goldmünzen nach London aus dem eben erklärten Grunde akut. Und wenn auch die deutsche haute banque, im nationalen Interesse, der Reichsbank zum Zwecke der Goldausfuhr kein Gold zu entziehen pflegt und aus dem angegebenen Grunde nicht nur auf den sich bietenden, bei der Größe der eventuell in Betracht kommenden Summen immerhin lohnenden Geschäftsgewinn aus solchen Operationen verzichtet, sondern sogar lieber hier weiter Schecks und Wechsel auf London kauft und sie somit gleichsam über Wert bezahlt, so finden sich doch immerhin andere Firmen, welche diese Operationen der Goldausfuhr machen, um den geschäftlichen Nutzen mitzunehmen. Die Reichsbank steht — anders als die Bank von Frankreich — nach dem deutschen Bankgesetze dem Abfordern von Gold gegen Präsentation ihrer Banknoten wehrlos gegenüber; das ist auch an sich prinzipiell durchaus richtig, wenn wir auf der andern Seite im internationalen Verkehr die Vorteile genießen wollen, welche das Ansehen, daß wir, wenigstens international genommen, reine Goldwährung besitzen, im Gefolge hat.

Aus den vorerwähnten Gründen, welche mutatis mutandis auch für die anderen großen Handelsländer maßgebend sind, erhöhen die Leiter der großen Zentralnoteninstitute sofort den offiziellen Bankzinssatz, sie ziehen, wie man sich ausdrückt, die Diskontschraube an, verteuern also das Geld, sobald die Gefahr der Erreichung des Goldpunktes für die fremden Wechselkurse im Anzuge ist.

Damit hoffen sie ein Doppeltes zu erreichen: 1. eine geringere Inanspruchnahme der Bank für Diskontierungen und Lombarddarlehen seitens des Inlandes und 2. eine zeitweise Heranziehung von Geld aus dem Auslande, da das Leihkapital erfahrungsgemäß und erklärlicherweise die Tendenz hat, dorthin zu wandern, wo ihm jeweils die höchste Verzinsung winkt. Gelingt diese Heranziehung fremder Gelder, so entstehen aus diesen fremden Geldern Guthaben des Inlands im Ausland, und mit diesen kann die Nachfrage nach fremden Schecks und Wechseln wieder leichter im Inlande befriedigt werden. Die fremden Wechselkurse gehen infolgedessen von ihrer Höhe, dem Goldpunkte, wieder herab, und die Spannung am Geldmarkte läßt sukzessive wieder nach. In der Zwischenzeit aber hat die Erhöhung des offiziellen Bankdiskontsatzes auf alle nicht zu festen Zinssätzen laufenden Schuldverhältnisse im Lande ebenfalls zinsverteuernd zurückgewirkt und das Wirtschaftsleben auf diese Weise geschädigt.

Deshalb ist eine Erhöhung des Diskontsatzes der nationalen Zentralnoteninstitute stets eine in sehr viele und gewaltige Verhältnisse einschneidende Maßregel, man denke: u. a. jedes Bankkontokorrent wird von ihr betroffen! Aber wenn der Goldpunkt für die fremden Wechselkurse in Sicht kommt, wird für die Leiter der Zentralnoteninstitute das Anziehen der Diskontschraube zur bitteren Notwendigkeit. Denn ihren Goldschatz müssen sie verteidigen, koste es, was es wolle! Denn nur auf dem Besitz des Goldes beruht für die Notenbanken die Möglichkeit der Ausgabe von Banknoten, wenigstens solcher, die vollwertige Zahlungsmittel im internationalen Verkehr bleiben sollen. Mit der Assignatenwirtschaft läßt sich vielleicht im Inlande eine kurze Spanne Zeit mit Hilfe der Staatsgewalt auskommen, für den internationalen Verkehr ist sie unmöglich. Allerdings sind wir bei der Ausdehnung unseres wirtschaftlichen Verkehrs gezwungen, in dem Verlangen nach Golddeckung für die Banknoten immer bescheidener zu werden. Hat man doch längst erkannt, daß es die Wirksamkeit der Zentralgeldinstitute zur Unfruchtbarkeit verdammen hieße, wenn man für jede ausgegebene Banknote den gleichen Betrag in Gold oder Metallgeld deponiert verlangen würde. Man hat den Zentralnoteninstituten deshalb gestattet, kurzfristige Forderungen zu erwerben, namentlich gute Wechsel zu diskontieren und diese als teilweise Deckung der Banknoten gelten zu lassen. Nach dem deutschen Bankgesetz dürfen bekanntlich Banknoten bis zu $^2/_3$ ihres Wertes mit derartigen kurzfristigen Forderungen gedeckt werden und nur mit $^1/_3$ brauchen sie eine Metallgeldunterlage zu haben; und auch diese Dritteldeckung durch Metallgeld hat noch zwei erhebliche Schönheitsfehler; denn die stark unterwertigen deutschen Silbermünzen und die völlig ungedeckten Reichskassenscheine dürfen wie vollwertige Metalldeckung behandelt und mitgerechnet werden.

Zwar ergibt sich aus den Verwaltungsberichten der Reichsbank, daß im Durchschnitt der letzten 5 Jahre die Metalldeckung der umlaufenden Noten

1906 64,23 pCt.,
1907 57,30 pCt.,
1908 66,86 pCt.,
1909 66,37 pCt.,
1910 65,74 pCt.

betrug, und da bei dieser Aufstellung die Reichskassenscheine als Deckung nicht eingerechnet sind, so wird man diese Ziffern noch um einige Prozent erhöhen können, um den richtigen Gesichtswinkel für den Abstand von der gesetzlichen Mindestgrenze der Notendeckung zu finden. Indessen besagen diese durchschnittlichen Jahresziffern wenig. Das Bild am Geldmarkt ändert sich schnell, und das hohe Deckungsverhältnis in günstigen Wochen läßt sich dann in praxi leider nicht kompensationsweise anrechnen auf das niedrige in schlechten Wochenperioden. Am 31. Dezember der Jahre 1906 und 1907 betrug trotz eines Bankdiskonts von 7 pCt. resp. 7½ pCt. dieses Deckungsverhältnis unter Einbeziehung der Reichskassenscheine nur noch 40,3 pCt. resp. 41,2 pCt., war also nur noch ca. 7—8 pCt. über der gesetzlichen Mindestgrenze[1]). Würde es sich nun weiter um diese 8 pCt. verschlechtert haben, so wäre die Reichsbank an der Grenze der Notenausgabe angelangt gewesen, sie hätte die weitere Notenausgabe einstellen oder gar mittels Notgesetzes zu einer zeitweisen Suspension der Deckungsvorschriften autorisiert werden müssen. Welche Schädigung das für unser ganzes wirtschaftliches Leben im großen wie im kleinen und für das Ansehen des Reiches, namentlich im Auslande, bedeuten würde, braucht nicht weiter ausgeführt zu werden[2]).

So sehr daher auch die Banknote eine unentbehrliche Ergänzung des Zahlungsmittelvorrats eines jeden wirtschaftlich entwickelten Landes bildet, das ideale Zahlungs-

---

[1]) Ultimo Dezember 1909 und 1910 betrug diese Deckung auch nur 47,3 pCt. resp. 47,4 pCt.

[2]) Ebenso Kämpf im Bank-Archiv vom 15. Nov. 1911 in Replik auf Dr. Bendixen's Vorschlag, die Bestimmungen über die Notendeckung für die Quartalstermine außer Geltung zu setzen (ebenda 15. Juni und 1. November 1911).

mittel ist sie noch nicht, weil ihre Ausgabe — wie wir gesehen haben — an gewisse Vorbedingungen, die Bardeckung, geknüpft ist und deshalb der beliebigen Ausdehnung des Banknotenumlaufes Hindernisse — und zwar mit Recht — im Wege stehen. Hieraus ergibt sich folgerichtig das Bestreben, ebenso wie den Goldumlauf, der zunächst durch Banknoten zu ersetzen ist, auch den Banknotenumlauf zu ersetzen durch geldlose Ausgleichsmittel: den Abrechnungsverkehr.

Je mehr dies gelingt, mit um so weniger Gold und Banknoten kommt dann eben der Verkehr des Landes aus. Das hier überflüssig werdende Gold wandert in die Tresors der Zentralnotenbank zurück und dient hier seiner höheren Bestimmung, der Verstärkung der Notendeckung, und zwar dies in um so stärkerem Maße, je mehr gleichzeitig sich auch im Verkehr der Umlauf von Banknoten einschränkt. Und wie niedrige Bardeckung bei dem Zentralnoteninstitut und hoher Notenumlauf — wie wir gesehen haben — teure Geldsätze zur Folge haben, so schaffen naturgemäß umgekehrt hohe Bardeckung und niedrigerer Notenumlauf billigere Geldsätze und beschränken die Besorgnis des Anziehens der Wechselkurse in der Richtung auf den Goldpunkt. Damit schwindet — oder vermindert sich zum wenigsten — die Gefahr des Abflusses von Gold nach dem Auslande, und selbst wenn derselbe infolge schwieriger Verhältnisse im Auslande einmal nicht zu vermeiden wäre, kann die Bank diese Blutabzapfung bei einem kräftigen Organismus, wie ihn ein starker Goldschatz bildet, leichter verschmerzen und darüber hinwegkommen, als bei einem schwachen.

Die Vorgänge auf dem Geldmarkte lassen sich — wie die Erfahrung lehrt — von der Theorie nicht meistern, und es kommt, wie sich auch im Jahre 1907 bei dem Überspringen der amerikanischen Geldkrise auf Europa gezeigt hat, manchmal ganz anders, als man denkt. Auch machen sich die Wechselwirkungen von Land zu Land bei der Internationalität der wirtschaftlichen Verhältnisse heute fühlbarer denn je; nicht immer leicht zu erkennende Unterströmungen auf den Geldmärkten hemmen — oder paralysieren sogar — die Gesetzmäßigkeit der Entwicklung, und so treten Ursache und Wirkung nicht immer so handgreiflich in die Erscheinung wie dies, bedingt durch die Kürze der Darstellung, in den vorstehenden Ausführungen umrißweise geschildert worden ist. Aber besser als aus der Mitaufführung regelwidriger Details wird hoffentlich gerade aus den derben Strichen der Zeichnung die große wirtschaftliche Bedeutung erkennbar, welche sich aus einer Ersparnis an Geldumlaufsmitteln, also durch den vermehrten Gebrauch des geldlosen Abrechnungsverkehrs, ergeben muß.

III.

Wir werden uns nun zu fragen haben, wieweit der bargeldlose Abrechnungsverkehr den Barzahlungsverkehr zu ersetzen vermag, in welchem Umfange dies in Deutschland bereits geschieht, inwieweit wir hierin in Ausdehnung und Formen anderen Ländern gegenüber zurück oder voraus sind, welche Formen für den Abrechnungsverkehr in Betracht kommen und wie dieselben entstanden sind.

Nicht wie eine geniale Erfindung ist der Abrechnungsverkehr dem Hirne eines einzelnen entsprungen, sondern wirtschaftliche Bedürfnisse haben ihn, wie fast alle kaufmännischen Einrichtungen, zunächst allmählich und primitiv geschaffen, wechselnde und wachsende Bedürfnisse der Zeiten haben ihn verändert und verfeinert.

Schon im alten Rom lag ein Teil des baren Geldes bei den argentariis deponiert und, wie bei Plautus, Terenz, Cicero u. a. ausdrücklich bezeugt wird, vermittelten diese argentarii bereits Zahlungen unter ihren Geschäftsfreunden durch Buchumschreibungen. Gajus spricht in seinen „Institutiones" 3, 128 von der transcriptio a persona in personam.

Dem gleichen Verfahren begegnen wir später in den Zeiten der mittelalterlichen italienischen Republiken. Dort haben wohl schlechte Erfahrungen, die mit einzelnen Geldwechslern gemacht worden waren, das Bedürfnis nach einem sicheren Kassenhalter hervorgerufen, und so gründete man zwecks Zentralisierung des Kassenverkehrs eine größere staatlich konzessionierte und kontrollierte Bank, welche immer noch nur n e b e n b e i , lediglich aus Bequemlichkeitsgründen, Umschreibungen des deponierten Bargeldes von dem Konto eines Kunden auf das eines anderen vornahm[1]). Als späterhin die Niederlande zum Handelsemporium geworden waren, wurde im Jahre 1609 in Amsterdam eine Girobank gegründet, mit zum Schutze gegen die überhandnehmenden Wirren und Verschlechterungen im Münzwesen. Nur mit nach Gewicht und Feingehalt geprüften Münzsorten durften kaufmännische Wechselverbindlichkeiten bezahlt werden; nur solche Sorten, das „Bankgeld", wurden als Einlage angenommen, bar in den Kellern als Gesamtguthaben der Besitzer verwahrt, und je nach Bedarf ließen dieselben wieder die Zahlung ihrer Verpflichtungen durch Umschreibungen bewirken.

Niederländische Emigranten, die nach Hamburg gekommen waren, kannten die Vorteile dieser Einrichtung aus der Praxis, und schon im Jahre 1619 stehen wir der Gründung einer deutschen Girobank, der Hamburger Girobank, gegenüber, die ursprünglich auch nur den eben erwähnten Zwecken diente. Länger als 2½ Jahrhunderte hat sie ihres Amtes gewaltet, und erst als s i e , die auf Silber begründet war, nach Gründung des Deutschen Reiches und Einführung der Goldwährung, ihre Existenzberechtigung eingebüßt hatte, wurde sie im Jahre 1875 aufgehoben resp. mit der Hamburger Reichsbank-Hauptstelle verschmolzen. Weit über Hamburg hinaus reichte ihre Bedeutung, seit sie ein Jahrhundert vorher, im Jahre 1770, die ideelle Hamburger Banco-Valuta (hundert Mark banco = 51 Taler) geschaffen hatte, durch welche sie die Begründung von Giroguthaben ausschließlich auf Feinsilber gestattete.

IV.

Aber mit der Zeit konnte das mächtig aufblühende Hamburg mit diesem rein metallischen Bankfonds nicht auskommen. Es bedurfte elastischerer Zahlungsinstrumente, wie sie am besten die Verbindung der reinen Geldbank mit der Kreditbank bieten konnte. So entstanden im Jahre 1856 in Hamburg zwei Privatbanken modernen Systems, die Norddeutsche Bank und die Vereinsbank. Auch sie pflegten und pflegen als einen ihrer wesentlichsten Geschäftszweige den altgewohnten Ham-

[1]) Also in dem in sich geschlossenen Kreise (der Bankkunden), daher das italienische giro, stammend vom griechischen γῦρος (Kreis).

burger Giroverkehr; aber sie bewahrten nicht mehr die gesamten Guthaben der Girokonten-Inhaber bar auf, sie legten vielmehr einen erheblichen Teil des ihnen übergebenen Kapitals, das die Girokreditoren als ihren flüssigen Kassenfonds ansehen, in kurzfristigen Forderungspapieren, also in guten Wechseln usw., an. So konnten sie dem Hamburger Handel einen erheblichen Betriebsfonds als Leihkapital zur Verfügung stellen, der weiter fruchtbringend wirkte. Mit dieser Nutzbarmachung eines großen Teiles der Giroguthaben für die Allgemeinheit war der Giroverkehr über seinen ursprünglichen Zweck, die bargeldlose Zahlungsvermittlung durch Umschreibung, hinausgewachsen.

In den 1870er Jahren nahmen auch die Commerz- und Discontobank und die Hamburger Filiale der Deutschen Bank, späterhin 1892 auch die Filiale der Dresdner Bank den Giroverkehr auf. Und so sehen wir gegenwärtig die genannten 5 Privatbanken im Verein mit der dortigen Reichsbank als sogenannte „Abrechnungsbanken" einen glänzend funktionierenden Abrechnungsverkehr am Hamburger Platze ausüben. Bei ihnen unterhalten Girokonten nicht nur die anderen, Girokundschaft besitzenden kleineren Hamburger Banken und die Hamburger Bankiers, sowie die gesamte Großkaufmannschaft und die Kreise der Großkapitalisten — diese Kategorien haben sogar zum Teil noch ein zweites Girokonto bei der Reichsbank —, sondern der geringe Durchschnittsbetrag der einzelnen in Hamburg zur Abrechnung kommenden Posten zeigt, daß an diesen Verkehr auch der mittlere und kleine Warenhandel und das mittlere und kleine Rentnerpublikum angeschlossen ist.

Im Jahre 1907 betrugen die Giroguthaben der Kunden der privaten 5 Girobanken ca. 100 Millionen, die dagegen gehaltenen Kassenbestände und Reichsbankguthaben ca. 20 Millionen, so daß 80 Millionen in Diskonten angelegt werden konnten.

Die Jahrhunderte alte Gewöhnung an diesen immer mehr ausgebildeten Abrechnungsverkehr hat es mit sich gebracht, daß die Intensität der Benutzung der Hamburger Abrechnungseinrichtungen von keinem anderen deutschen Platze auch nur annähernd erreicht wird und daß der dortige Abrechnungsverkehr nach dem Urteile aller Sachverständigen in bezug auf seine Leistungen gleichsam das Ideal bargeldloser Abrechnung darstellt.

Was der Hamburger Abrechnungsverkehr leistet, mögen einige Zahlen belegen:

Im Jahre 1884 beliefen sich die Einlieferungen bei den sechs zum Abrechnungsverkehr verbundenen Banken (inklusive der Reichsbank) bereits auf über $5\frac{1}{4}$ Milliarden Mark, die in $1\frac{1}{4}$ Millionen Posten von durchschnittlich 4250 M. Größe zur Einlieferung kamen. Von diesen Einlieferungen konnten $91\frac{1}{2}$ pCt. durch Gegeneinlieferungen kompensiert werden, so daß nur der Rest von $8\frac{1}{2}$ pCt. = 440 Millionen Mark sich nicht ausglich, sondern auf die Girokonten der Banken bei der Reichsbank übertragen wurde. Dieser Übertrag des Saldos auf Reichsbank-Girokonto bedeutet aber naturgemäß noch lange keine Barzahlung; über diesen Sadlo wird vielmehr von den Banken zum größten Teile wiederum durch Verrechnungen an andern Tagen verfügt.

Die Ziffern der Einlieferungen steigern und bessern sich fast ununterbrochen von Jahr zu Jahr: im Jahre 1910 erreichten sie den Betrag von 21 Milliarden, die in 7 Millionen Stück Einlieferungen von durchschnittlicher Größe von je 3000 M. zerfielen. Die Kompensationswirkung betrug 94,8 pCt., die nicht kompensierten, auf Girokonto der Reichsbank übertragenen Beträge machten nur noch 5,2 pCt. der Einlieferungen aus; dieser Kompensationseffekt von 94,8 pCt. steht den Ergebnissen der englischen und amerikanischen Clearinghäuser fast ebenbürtig zur Seite.

Die Technik des Hamburger Abrechnungsverkehrs ähnelt im Allgemeinen derjenigen der Abrechnungsstellen der Reichsbank, die noch im einzelnen vorzuführen sein wird, so daß an dieser Stelle auf nähere Details verzichtet werden kann.

Leider fehlte außerhalb Hamburgs diese dort althergebrachte Gewöhnung des großen Publikums, seine Einnahmen und Ausgaben auch bei bescheidenem Umfange über ein Bankkonto führen und dort durch Umschreibung abrechnen zu lassen, und deshalb mußten außerhalb Hamburgs die Bestrebungen zur Verbesserung unserer Zahlungsmittelorganisationen, d. h. zur Einschränkung des Barmittelumlaufs in Deutschland, zunächst mit der Popularisierung des Scheckverkehrs einsetzen. Auch er führt ja — richtig angewandt — an das gleiche Ziel, aber darüber, daß in der fortschreitenden Entwicklungskette vom Bargeld zur Banknote und von der Banknote zum Scheck, dieser nicht der Zahlungsweisheit letzter Schluß ist, besteht bei allen Sachverständigen kein Zweifel: das ideale Abrechnungsmittel bleibt die Umschreibung. Das Scheckformular kann im Scheckbuche unbenutzt verloren gehen, kann gestohlen oder gefälscht werden, ebenso der bereits ausgestellte Scheck. Dieser kann ferner antizipiert, ohne derzeitiges Guthaben, zu Unrecht ausgestellt werden; er verursacht, sofern er ein Fernscheck ist, Portokosten. Das Guthaben, auf welches der Scheck ausgestellt ist, kann vor der Präsentation zurückgezogen werden, die bezogene Bank kann in der Zwischenzeit bis zur Präsentation in Konkurs verfallen. Der Zeitpunkt der Zahlungsleistung und damit die definitive Befreiung von der Schuld liegt beim Scheck, namentlich da, wo es eine gesetzliche Präsentationsfrist noch nicht gibt, wesentlich in dem Belieben des Empfängers. Die Annahme des Schecks als Zahlung involviert dagegen für den Empfänger bis zur Einlösung eine Kreditgabe, sowohl dem Schuldner wie der Scheckbank gegenüber.

Auch erfüllt nur derjenige Scheck voll seine Aufgabe, die Barumlaufsmittel einzuschränken, dessen Einlösung wiederum durch Verrechnung mit einem anderen Girokonto und nicht durch Barzahlung erfolgt; ein Scheck, dessen Betrag bar ausgezahlt wird, hat naturgemäß infolge der schließlichen Inanspruchnahme von Barmitteln seinen Zweck in der Hauptsache verfehlt.

Alle diese Nachteile kommen beim Abrechnungsverkehr nicht in Frage und deshalb ist er dem Scheck so weit überlegen.

Hinzu kommt schließlich noch, daß der Abrechnungsverkehr stempelfrei, der Scheck aber bei uns leider stempelpflichtig ist — und dies, obwohl noch am 1. Mai 1907 kein geringerer, als der Dezennien hindurch unentwegteste Vorkämpfer und Vater des deutschen Scheckgesetzes, der verdienstvolle verstorbene Reichsbankpräsident Dr. Richard Koch, in einem Aufsatze im „Bank-Archiv" wörtlich erklärt hat:

„Die Zahlung mittels Schecks verträgt so wenig einen Stempel, als die Zahlung durch Bargeld; der

Scheckverkehr würde in seiner Entfaltung gehemmt werden, wenn man ihn durch Steuern belasten wollte. Hierauf aber in der Hauptsache ist wohl die etwas laue Stimmung in einzelnen Teilen des Handelsstandes gegenüber dem Scheckgesetz zurückzuführen."

Leider hat bekanntlich der Handelsstand auch mit dieser trüben Ahnung schneller als er wohl selbst erwartete, schon nach kaum einjährigem Bestehen des Scheckgesetzes, recht bekommen, und ebenso Koch mit seiner Voraussage, daß ein Scheckstempel die Entfaltung des Scheckverkehrs hemmen würde[1]).

V.

Hatte sich in Hamburg, wie wir gesehen haben, der Abrechnungsverkehr auf dem ursprünglichen Gedanken der Deponierung von Barguthaben zwecks Umschreibung aufgebaut, so war in Berlin der Verlauf der Dinge ein ganz anderer. Hier hatten schon vor fast 90 Jahren die führenden 10 Berliner Bankhäuser erkannt, welche Vergeudung — außer an Bargeld — auch an Zeit, Kassenboten- und sonstigem Personal es war, daß jede einzelne Bankfirma ihre täglichen Inkassi für Schecks, Wechsel- und Effektenlieferungen, sowie die Leistung von Zahlungsaufträgen für sich selbst einzeln ausführte, ganz abgesehen von dem Risiko, welches mit der fortwährenden Hin- und Herbewegung des Geldes und der Wertpapiere durch die Straßen Berlins verbunden war. Man brauchte einen Generalkassenboten, und zu diesem Grundzwecke gründeten die angesehensten 10 Berliner Bankfirmen im Jahre 1823 den „Berliner Kassen-Verein" als eine Handels-Sozietät und wan-

---

[1]) Die Deutsche Bank führt in ihrem Geschäftsbericht für 1909 aus: „Zum ersten Male in der Geschichte unserer Bank ist ein Rückgang der Kontokorrent-Kontenzahl zu verzeichnen, eine Folge des dem Scheck auferlegten Stempels. . . . . Es wäre klüger gewesen, den Scheckverkehr sich erst weiter entwickeln zu lassen, ehe man ihn besteuerte". — Die Aeltesten der Kaufmannschaft von Berlin veröffentlichten am 29. Mai 1911 eine Erklärung, in welcher sie u. a. die Befreiung des Schecks von der Stempelpflicht energisch fordern, weil die letztere „notwendigerweise der noch im Anfang stehenden Entwicklung des Scheckwesens einen argen Stoß versetzt" habe. — Ähnlich haben Vorstand und Ausschuß des Centralverbands des Deutschen Bank- und Bankiergewerbes sich über die Wirkungen des Scheckstempels ausgelassen (vgl. Bank-Archiv X. S. 318).

delten dieselbe im Jahre 1850 unter der Firma „Bank des Berliner Kassen-Vereins" in eine Aktiengesellschaft um.

Die Bank des Berliner Kassen-Vereins ist bis auf den heutigen Tag im großen und ganzen das geblieben, was bei ihrer Gründung beabsichtigt war, d. h. ihr Interessentenkreis ist im wesentlichen auf Bank- und Börsenkreise beschränkt geblieben. Für diese leistet sie Vorzügliches; sie ist ihnen unentbehrlich geworden, zumal sie es sich angelegen sein läßt, den Bedürfnissen der Zeit entsprechend, immer weitere für den Abrechnungsverkehr im Bankgewerbe geeignete Funktionen zu übernehmen.

Die Technik des geschäftlichen Verkehrs beim Kassen-Verein ist die denkbar einfachste. Die Vorbedingung für den Eintritt in die Geschäftsverbindung mit dem Kassen-Verein ist die Errichtung eines Girokontos, für dessen Guthaben Zinsen nicht vergütet werden. Jeder Teilnehmer an dem Inkasso- und Giroverkehr hat an jedem Werktage morgens bis 8½ Uhr die zum Inkasso für den betreffenden Tag bestimmten Dokumente als Schecks, Wechsel, Quittungen über zu empfangende Gelder, Effektenlieferungen usw. einzuliefern. Schecks und Wechsel müssen quittiert sein, jedem unter Kreuzband einzuliefernden Effektenposten ist eine gleichfalls quittierte Rechnung beizufügen. Die gesamte Einlieferung ist stückweise nach Namen der Empfänger und der Beträge auf einem Verzeichnisse aufzuführen — mit einem Separatverzeichnisse für die Effektenposten; die Beträge dieses Verzeichnisses sind zu addieren, so daß die Gesamtsumme der Einlieferung am Ende ersichtlich wird. Der die Einlieferung entgegennehmende Beamte des Kassen-Vereins prüft die Übereinstimmung des Verzeichnisses mit den einzelnen eingelieferten Wertstücken nach ihren Wertbeträgen. Die von allen Seiten eingelieferten Wertstücke werden alsdann im Kassen-Verein sortiert und für jeden einzelnen Empfänger in einem besonderen Schrankfache gesammelt. Diese Arbeit ist bereits um 9 Uhr so weit vorgeschritten, daß die anwesenden Kassenboten die eingelieferten Effektenposten, deren quittierte Rechnung vorläufig beim Kassen-Verein zurückbleibt, gegen eine Interimsquittung, aus der nur die Anzahl der übergebenen Effektenposten ersichtlich ist, ausgehändigt erhalten und sich nach Hause begeben können.

Bereits um $9\frac{1}{2}$ Uhr hat der Kassen-Verein die für jeden einzelnen Empfänger bestimmten Lieferungen seinerseits in einem Verzeichnisse zusammengestellt, die Beträge aufaddiert und diese Gesamtziffer gegen die Gesamtsumme der Einlieferungen verrechnet, also — wie der terminus technicus lautet — skontriert[1]). Der sich aus dem Skontro ergebende Saldo wird dem Girokonto der betreffenden Firma gutgeschrieben oder belastet. Nach Erhalt des eben erwähnten Gegenverzeichnisses über ihre Empfangsposten, also gegen 10 Uhr, weiß die betreffende Firma bereits, wie ihr Girokonto steht. Weist es durch die Tageseinlieferung einen Debetsaldo auf, so muß derselbe bis spätestens 12 Uhr gedeckt werden. Die Verfügung aus dem Guthaben über den Kreditsaldo ist — soweit er nicht aus der Tageslieferung stammt — jederzeit, und was die Verfügung über das Guthaben der Tageslieferung betrifft, durch Scheck von nachmittags 4 Uhr ab möglich. Denn bis zu dieser Stunde können Posten aus der Tageslieferung, die sich bei der Prüfung im Hause als nicht in Ordnung ergeben haben, zurückgeliefert werden; sie werden alsdann dem Girokonto derjenigen Firma, die sie eingeliefert hatte, unter Rückgabe der Wertstücke wieder belastet. Tageslieferungen, welche bis nachmittags 4 Uhr nicht beanstandet sind, gelten als unbedingt genehmigt.

Für kleinere Firmen, welche nicht täglich Lieferungen zu erhalten haben, ist es sogar nicht einmal nötig, daß dieselben am Morgen ihren Boten zum Kassen-Verein schicken; letzterer liefert ihnen vielmehr die für sie vorkommenden Eingänge bis mittags 12 Uhr seinerseits durch Boten ins Haus, wo dieselben in bar oder durch einen Verrechnungsscheck — d. h. einen Scheck, welcher nicht bar ausgezahlt werden darf, sondern durch die Aufschrift der Worte „Nur zur Verrechnung" als ein solcher gekennzeichnet ist, der eben nur zur Verrechnung auf einem Girokonto Verwendung finden darf — zu begleichen sind.

Auf diesem so überaus einfachen und zweckmäßigen Wege hat der Kassen-Verein es, in aufsteigender Entwicklung, im Jahre 1910 zu einem Inkassoverkehr von mehr als 23 Milliarden

[1]) Der Ausdruck stammt vom ital. scontro, d. h. Begegnung, und bedeutet die Tilgung wechselseitiger Schulden bis zur gleichen Höhe durch Aufrechnung.

Mark gebracht, und von dieser Gesamtlieferung von über 23 Milliarden Mark konnten mehr als 21 Milliarden, also über $90^2/_3$ pCt., durch gegenseitige Verrechnung unter den Teilhabern am Verkehr des Kassen-Vereins ausgeglichen werden.

Es wurden also im Durchschnitt täglich je 70 Millionen durch einfache Verrechnung geordnet; nur bei den restlichen 7 Millionen kam es zu einem wirklichen Inkasso, das zum großen Teil wieder durch Verrechnungsschecks auf den Kassen-Verein oder die Reichsbank und nur zum wesentlich kleineren Teile durch Verwendung von Bargeld erfolgte.

Die Kompensationswirkung betrug übrigens in einigen Jahren schon bis zu 93 pCt. Im Jahre 1887 ging sie zum ersten Male über 80 pCt. hinaus. In den Gründerjahren 1872/73 hatte sich dieser Inkassoverkehr auf 13½ resp. 10 Milliarden bei einer Kompensationswirkung von ca. 75 pCt. belaufen. Der Verkehr ging dann wesentlich zurück und überschritt erst im Jahre 1888 wieder die Summe von 10 Milliarden. Seitdem hat er sich weiter gehoben und beträgt jetzt, wie erwähnt, mehr als das Doppelte dieser Summe.

VI.

Auf den geschilderten beiden vorzüglich funktionierenden Einrichtungen: erstens der Hamburger Abrechnungsbank, die dem Lokalverkehr fast der gesamten Hamburger Bürgerschaft, und zweitens des Berliner Kassen-Vereins, der dem lokalen Berliner Bankverkehr diente, konnte die Reichsbank weiter bauen, als sie, bei ihrer Errichtung im Jahre 1875, zur Zentralnotenbank Deutschlands erklärt und damit überhaupt „die Bank der Banken" wurde.

Nach dem Bankgesetz vom 14. März 1875 fällt ihr direkt die Aufgabe zu, „die Zahlungsausgleichung zu erleichtern und für die Nutzbarmachung verfügbaren Kapitals zu sorgen". Für die möglichst vollkommene Erreichung dieses Zieles war der von selbst vorgeschriebene Weg die intensive Pflege des Giroverkehrs, da — wie wir wissen — die Ansammlung von Giroguthaben an *einer* Stelle aus den müßigen Kassenvorräten der *einzelnen* Geschäfte eben einen produktiv verwertbaren Kapitalfonds schafft. Ihr Interesse an diesem Verkehr war aber — wie wir gleichfalls bereits wissen — auch noch ein anderes: Ihrer Notenausgabe sind Grenzen gezogen, und zwar zunächst durch die vorgeschriebene Dritteldeckung in Gold, kursfähigem deutschen Gelde und Reichskassenscheinen; deshalb muß sie Bargeld nach Möglichkeit im Verkehr entbehrlich zu machen und als notwendige Banknotenunterlage heranzuziehen suchen. Ferner aber muß sie eine 5 prozentige Notensteuer an das Reich abführen von der Summe, um welche nach ihrem Wochenausweis der Banknotenumlauf jeweils höher wird als ihr Barvorrat, (d. h. der in den Kassen der Reichsbank befindliche Betrag an Gold, kursfähigem deutschen Geld, Reichskassenscheinen und Noten anderer deutscher Banken) zuzüglich eines steuerfreien Notenkontingents von 550 Millionen Mark. Die eben genannte Ziffer des steuerfreien Notenkontingents von 550 Millionen ist ganz neuen Datums; sie gilt erst — infolge der Banknovelle vom 1. Juni 1909 — von Beginn des Jahres 1911 ab; früher betrug das steuerfreie Notenkontingent weniger, zuletzt 473 Millionen Mark. Die Banknovelle von 1909 dehnt übrigens — mit Rücksicht auf die erhöhten Ansprüche an den Quartalsterminen — für die Ausweise von ultimo März, Juni, September und Dezember dieses steuerfreie Notenkontingent auf 750 Millionen Mark aus. Immerhin bleibt in dieser Beschränkung für die Reichsbank eine zweite indirekte Erschwerung ihrer Notenausgabe bestehen.

Je mehr nun nicht nur die Deckungsmittel, sondern auch die Banknoten im Verkehr durch andere Zahlungsmittel, wie Giroübertragungen und Verrechnungsschecks, entbehrlich werden, um so eher tritt eine Beschränkung des Notenumlaufs ein und um so weiter wird zugleich die dem steuerfreien Notenumlauf gezogene Grenze hinausgerückt. Aus all diesen Gründen gehörte die Pflege des Giroverkehrs notwendigerweise zum Programm der Reichsbank.

Hatten aber bisher sowohl in Hamburg, wie bei dem Berliner Kassen-Verein die Giroguthaben nur als Unterlage für den lokalen Übertragungsverkehr gedient, so erweiterte die Reichsbank alsbald nach ihrer Errichtung diesen Grundgedanken dahin, daß sie die Guthaben auch der Übertragung nach außerhalb, also dem Fernverkehr, dienstbar machte. Mit der Einführung des sog. roten Schecks, welcher kein richtiger Scheck, sondern nur ein Überweisungsantrag und daher stempelfrei ist (vergl. Form. 1 am Schlusse der Abhandlung), wurde die kostenfreie Giroübertragung unter sämtlichen Inhabern eines Reichsbank-Girokontos, mochten dieselben wohnen, wo sie wollen, ermöglicht. Dadurch konnte sich der Reichsbank-Giroverkehr, für den gegenwärtig fast 500 über das ganze Deutsche Reich verteilte Zweiganstalten der Bank wechselseitig in Funktion stehen, zu ungeahnter Blüte entfalten. Durch ihn ist die Reichsbank, wie Roscher gesagt hat, zu einer Saldieranstalt für ganz Deutschland und Deutschland zu einem einzigen Giroplatze geworden.

Es erscheint fraglos, daß ohne die vorzüglichen Leistungen der Reichsbank in bezug auf die Ersparnis von Geldumlaufsmitteln, wenigstens im Großverkehr, Deutschland den außerordentlichen wirtschaftlichen Aufschwung nicht hätte nehmen können, den es in den letzten 35 Jahren genommen hat. Kein anderes Land der Welt hat uns bisher diese Institution der Reichsbank in dieser Vollkommenheit für die beteiligten Handelskreise auch nur annähernd nachmachen können; hierin sind wir allen anderen Ländern voraus, und zweifellos ist es zum Teil eine ganz natürliche Folge hiervon, wenn wir mit anderen Institutionen, wie dem Scheckverkehr, gegenüber dem Auslande in der Entwicklung vergleichsweise zurück sind.

Die Reichsbank hat es aber auch verstanden, demjenigen, der sich einmal ein Girokonto bei ihr hat eröffnen lassen, Geldzahlungen so weit als möglich abzugewöhnen. Nimmt der Girokonto-Inhaber ein Lombarddarlehen bei der Bank auf, so bekommt er das Darlehen nicht etwa in bar ausgezahlt, es wird ihm vielmehr zunächst auf Girokonto gutgeschrieben. Gibt er der Bank Wechsel zum Diskont oder Inkasso, so erhält er den Gegenwert gleichfalls nur auf Girokonto gutgeschrieben. Hat er Akzepte ausgestellt, so muß er sie bei der Bank domizilieren und ihr dies vor Fälligkeit mitteilen, weil auf diese Weise die Verrechnung seiner Deckung mit dem Präsentanten des fälligen Akzeptes, sofern letzterer auch ein Girokonto besitzt, möglich ist und dann auch hierbei Barzahlung erspart wird. Der Girokonten-Inhaber unterliegt also dem „Verrechnungszwang". Ohne Ausschreibung eines direkt zur Barzahlung bestimmten weißen Schecks (vergl. Form. 2), der dem Girokonto belastet wird, gibt es für ihn bei der Bank keinen Pfennig baren Geldes, abgesehen natürlich von dem abseits der Giroverbindung liegenden Fall, daß er Banknoten zur Umwechslung in Metallgeld präsentiert.

Einige Zahlen mögen ein Bild von der glänzenden Entwicklung und der wirtschaftlichen Bedeutung des Reichsbank-Giroverkehrs geben. Im ersten Jahre seiner Existenz, im Jahre 1876, betrug die Anzahl der bei der Bank geführten Girokonten 3245; im Jahre 1900 wurde etwa die 5fache Zahl mit 15 847 Konten erreicht, und d ese Zahl hat sich seitdem abermals um mehr als die Hälfte erhöht; sie betrug am Ende des Jahres 1910 24 982 Konten.

Die Umsatzziffern sind von

16,7	Milliarden	im	Jahre	1876	auf
57,2	,,	,,	,,	1886,	
82,3	,,	,,	,,	1893,	
164,0	,,	,,	,,	1900	und auf
314,0	,,	,,	,,	1910	gestiegen.

Diese Umsätze lassen sich in 4 Teile zerlegen:

1. in diejenigen Beträge, welche die Bank infolge ihres Wechsel-, Lombard- und sonstigen Geschäftsverkehrs mit den Konteninhabern selbst zu verrechnen hat;

2. in Übertragungen zwischen Konteninhabern an demselben Platze;

3. in solche zwischen Konteninhabern an verschiedenen Plätzen und

4. in diejenigen Beträge, welche bar zur Auszahlung gekommen sind.

Die prozentualen Ergebnisse einer solchen Gliederung zeigt die auf Seite 55 wiedergegebene Tabelle.

Wir sehen aus jenen Ziffern, wie sich der zur Barzahlung gelangende Teil der Umsätze immer mehr verringert und wie der Teil der Verrechnungsposten immer mehr steigt. Dabei darf nicht außer acht gelassen werden, daß noch weit mehr Schuldverhältnisse durch einfache Verrechnung bargeldlos zur Lösung gelangen, als aus diesen Ziffern hervorgeht. Denn in sehr vielen Fällen überweist der Schuldner seine Schuld nicht seinem Gläubiger *direkt*, sondern vielmehr *für dessen*

Rechnung dem Gläubiger seines Gläubigers Es findet hierbei also noch eine doppelte Verrechnung statt.

Nur noch 12,1 pCt. der Gesamtumsätze des Jahres 1910 entfallen nach unserer Tabelle auf die Barzahlungen. Da der Umsatz im Jahre 1910 314 Milliarden betrug, d. h. werktäglich über 1 Milliarde, so ergibt sich hieraus, daß täglich durch das Girokonto der Reichsbank mehr als $^7/_8$ Milliarde Bargeld durch Ausgleichung gespart und nur knapp $^1/_8$ Milliarde Bargeld noch benötigt wurde. Und wenn auch gegenwärtig der Banknotenumlauf infolge des gesteigerten Geschäftsverkehrs, absolut betrachtet, außerordentlich gegen früher gestiegen ist, so ist doch die Bedeutung der Banknote für den Zahlungsverkehr durch das Girowesen, relativ betrachtet, ganz außerordentlich zurückgetreten. Auf einen Geschäftsumsatz der Reichsbank von 100 000 M. entfielen im Jahre 1875 2500 M. der umlaufenden Banknoten. Diese Ziffer ging nach Einführung des Giroverkehrs im Jahre 1876 auf 1800 M. zurück; sie ermäßigte sich bis zum Jahre 1900 auf 600 M., und gegenwärtig kommen kaum noch 500 M. des Banknotenumlaufs auf einen Geschäftsumsatz der Reichsbank von 100 000 M.

Auch zeigt sich, daß sich die Verrechnung durch roten Scheck im Fernverkehr auch für kleinere Beträge eingebürgert hat. Der Durchschnittsbetrag der roten Schecks betrug 1876 12 500 M., 1900 7500 M. und hat sich seitdem auf unter 6000 M. ermäßigt.

Dagegen hat sich der Durchschnittswert der hauptsächlich für Barzahlungen in Frage kommenden weißen Schecks seit dem Jahre 1876 fast unverändert auf 15 000 M. erhalten, — ein Beweis, daß eben der Reichsbank-Giroverkehr in der Hauptsache nur von der Handelswelt, jetzt auch von den Behörden, aber nur wenig von Privaten benutzt wird.

Die Guthaben der Girokonteninhaber, inkl. der Reichs- und Staatsbehörden, betrugen durchschnittlich im Jahre 1876 72 Millionen Mark; 1892 erreichten sie durchschnittlich die Summe von 306 Millionen, 1900 von 511 Millionen[1]) und am 1. Januar 1911 verfügte die Bank über Giroguthaben in Höhe von 562 Millionen

[1]) Hiervon waren durchschnittlich 178 Millionen staatliche Guthaben.

Mark. Soweit es sich hierbei um die Mindestguthaben der Kontoinhaber handelt, welche diese zinsfrei bei der Bank als Vorbedingung für die Aufrechterhaltung des Kontos und zur Entschädigung für die Mühewaltung der Kontoführung halten müssen, kann die Bank diese Beträge zu kurzfristigen Kreditgewährungen jederzeit benutzen, denn sie können ihr so gut wie nie entzogen werden, auch in kritischen Zeiten nicht, da ja gerade in diesen die Unentbehrlichkeit des Reichsbank-Girokontos für den Handelsstand sich noch zwingender geltend machen muß. Aber auch über diese Mindestbeträge hinaus wird die Bank wenigstens einen Teil dieser Gelder in aller Ruhe nutzbringend verwerten können, da eben mit der Ausbreitung der Institution des Giroverkehrs die Barabhebungen, wie gezeigt, immer geringer werden und die meisten Dispositionen sich durch einfache Umbuchungen erledigen.

VII.

Aber dieser Reichsbank-Giroverkehr, so mustergültig er in seiner Art ist, hat seine natürlichen Grenzen. Wohl können Einzahlungen auch von einem Nicht-Kontoinhaber gemacht werden, der Empfänger aber mindestens muß an den Giroverkehr der Bank angeschlossen sein. Nun bedarf es ja keiner weiteren Ausführungen darüber, daß die Reichsbank trotz des großen Umfanges ihrer Gesschäfte für den geldlichen Verkehr unseres Landes nur gleichsam die letzte Instanz bildet und daß sich der hauptsächliche Geld- und Bankverkehr unseres Handelsstandes und auch unseres Privatpublikums, soweit dasselbe überhaupt schon irgendein Bankkonto besitzt, zum größten Teile bei unseren privaten Kreditinstituten und Bankfirmen abspielt. An den großen Handelsplätzen teilt sich eine ganze Anzahl großer Kreditbanken und bedeutender Privatfirmen in diesen Verkehr. Jede von ihnen hat einen bedeutenden Kundenkreis hinter sich, täglich entstehen unter diesen Instituten aus den Aufträgen ihrer Kundschaft gegenseitige Forderungen und Zahlungsverpflichtungen, deren Ausgleich sich nur im Wege einer täglichen, scharf gegliederten Skontration erreichen läßt. Deshalb ging die Reichsbank, in weiterem Ausbau ihres statutenmäßigen Programms, die Zahlungsausgleichungen zu erleichtern, im Jahre 1883 mit der Errichtung von Abrechnungsstellen vor, für welche die mustergültige Einrichtung des schon um das Jahr 1775 gegründeten Londoner Clearinghouse, sowie die trefflichen, bereits geschilderten deutschen Organisationen in Hamburg und beim Berliner Kassen-Verein als Vorbild dienten. In Hamburg blieb der Reichsbank so gut wie nichts zu tun übrig; in Berlin hatte sie, da es ihr nur auf die Sache ankam, kein Interesse daran, das bewährte Wirken des Berliner Kassen-Vereins irgendwie zu stören. Sie mußte daher hier ihrer Abrechnungsstelle zunächst einen mehr fakultativen Charakter in bezug auf das ihr zuzuweisende Abrechnungsmaterial verleihen, denn die leitenden Banken und Bankfirmen, welche ja allein für die Mitgliedschaft von Abrechnungsstellen in Betracht kommen können, waren sämtlich bereits Mitglieder des Kassen-Vereins.

Die tatsächliche Verteilung des Abrechnungsmaterials der Berliner haute banque unter die beiden Stellen hat denn auch zur Folge, daß bei der Reichsbank-Abrechnungsstelle in Berlin die Kompensationswirkung der im Jahre 1910 19 Milliarden betragenden Einlieferungen nur 61,8 pCt., beim Kassen-Verein jedoch für die etwa 23 Milliarden Mark Einlieferungen 90 pCt. beträgt. Da aber die Mitglieder des Kassen-Vereins insgesamt gleichfalls an den Giroverkehr der Reichsbank angeschlossen sind, wird auf diesem Girowege die fehlende Kompensation der Abrechnungsstelle der Reichsbank nachgeholt.

Außer in Hamburg und Berlin mit seinen 19 und 21 Milliarden Einlieferungen gingen im Jahre 1910 weitere 14 Milliarden Einlieferungen durch die bisher von der Reichsbank in der Provinz errichteten 18 Abrechnungsstellen. Die Kompensationswirkung dieser 14 Milliarden bei den 18 Abrechnungsstellen in der Provinz, schwankend im einzelnen zwischen 91,8 pCt. (Bremen) und 28,7 pCt. (Elberfeld), betrug durchschnittlich 78 pCt., und etwa ebenso stellt sich der Durchschnitt der 40 Milliarden von Hamburg und Berlin zusammengenommen, wobei das Minus im Prozentsatze Berlins (61,8 pCt.) durch das Plus Hamburgs (94,8 pCt.) gerade ausgeglichen wird.

Also nicht kompensiert wurden von den gesamten durch die Reichsbank im Jahre 1910 an 20 Stellen eingelieferten 54 Milliarden ca. 22 pCt.; aber auch diese gelangen — wie nochmals betont sein mag — noch nicht zur Barzahlung, sondern sie werden auf das Debet oder Kredit der Reichsbank-Girokonten der betreffenden Mitglieder der Abrechnungsstellen übertragen, gelangen auf diesen Girokonten zum größten Teil zur Weiterverrechnung, so daß nur ein kleiner Prozentsatz schließlich zur Barabhebung mittels weißer Schecks kommt. Trotzdem also die Kompensationswirkung an sich keine sonderlich große zu sein scheint, ist das Endresultat der Gesamtabrechnung doch nicht unbefriedigend, weil eben die Giroübertragungen, soweit aus ihnen keine Barabhebungen erfolgen, mit als Verrechnung gelten müssen. Der Abrechnungssaldo, welcher auf dem Girowege zum Ausgleich gelangt, ist aber naturgemäß ein sehr ungleichmäßiger, je nachdem die eine Abrechnungsfirma in einem einzelnen Geschäftszweige die andere an Bedeutung überragt und daher einzelnen großen Einlieferungen wesentlich kleinere anderer Firmen gegenüberstehen; dies führt naturgemäß zu einem höheren Kreditsaldo der größeren Firma in der Ablieferung.

Die Propaganda, welche seit einigen Jahren in Bankkreisen und auch bei Behörden für die Ausdehnung des bargeldlosen Zahlungsverkehrs gemacht wird, ist zweifellos nicht ganz ohne Erfolg geblieben. Dies ergibt sich aus der außerordentlich starken Zunahme der Gesamtsumme der durch die Abrechnungsstellen gehenden einzelnen Posten und der Verminderung der durchschnittlichen Größe des einzelnen Abrechnungsstücks. Dies Anwachsen des Verrechnungsmaterials läßt sich, zumal es auch in solchen Perioden angehalten hat, in welchen das Wirtschaftsleben schwächer bei uns pulsierte, nur daraus erklären, daß der Gebrauch des Schecks sich doch bereits mehr bei der Bevölkerung eingebürgert hat.

Die Stückzahl der Einlieferungen ist bei der Reichsbank von 2 Millionen im Jahre 1884 auf 5 Millionen im Jahre 1900, auf 9 Millionen in 1907 und auf 12 Millionen im Jahre 1910 gestiegen. Die durchschnittliche Größe des einzelnen Einlieferungsstücks betrug in den genannten Jahren 6100, resp. 5700, resp. 5000, resp. 4360 M.

An Mitgliedern zählten die gesamten 20 Abrechnungsstellen der Reichsbank im Jahre 1910 — unter Einrechnung der 20 teilnehmenden Reichsbankstellen selbst — 222 Firmen. Berlin und Frankfurt a. M. stehen in der Anzahl der Teilnehmer mit 19 [1]) resp. 22 Mitgliedern obenan. Natürlich kann nur die Crême der Bankwelt, erstklassige, über jeden Zweifel erhabene Firmen und Institute, für die Mitgliedschaft der Abrechnungsstellen in Frage kommen; denn das ganze System birgt immerhin doch für Stunden, nämlich vom Beginn der Einlieferung am Morgen bis zur Schlußabrechnung am Nachmittage, große gegenseitige Kreditrisiken für die Mitglieder in sich. Für die Erlangung der Mitgliedschaft ist daher auch seit 1899 die einstimmige Zustimmung der bei der Beschlußfassung anwesenden Mitglieder der Abrechnungsstelle des betreffenden Ortes erforderlich, und es ist charakteristisch, daß es beispielsweise der unlängst zusammengebrochenen Niederdeutschen Bank trotz ihrer darauf hinzielenden Bemühungen nicht gelungen ist, zur Abrechnungsstelle als Mitglied zugelassen zu werden.

Die Abrechnungsstellen, deren jede einen Verein bildet, unterstehen der Leitung und Aufsicht durch die betreffende Reichsbankstelle, welcher ein mehrgliedriger, von der jährlichen Plenarversammlung gewählter Mitgliederausschuß für die Geschäftsführung beigegeben ist. So schwer die Mitgliedschaft zu erreichen ist, so schnell und ohne alle Formalitäten ist sie verloren: ein Mitglied gilt nach den Statuten ohne weiteres als ausgeschieden, wenn sein Giroguthaben zur Deckung des aus der Abrechnung sich ergebenden Debetsaldos nicht ausreicht und es die erforderliche Deckung nicht unverzüglich beschafft.

Die Abrechnungsstellen befinden sich an den einzelnen Orten in den Gebäuden der Reichsbankanstalten; die teilnehmenden Firmen haben diejenigen ihrer Beamten, welche die Abrechnungsarbeiten bei den täglichen Zusammenkünften für sie besorgen, durch Vollmacht als ihre Vertreter zu legitimieren. Deren Erscheinen bei den täglichen Zusammenkünften ist obligatorisch, auch wenn die betreffende Firma einmal keine Papiere einzuliefern haben sollte.

---

[1]) Die 19 Firmen der Berliner Abrechnungsstelle siehe Seite 62.

Als Abrechnungsmaterial kommen Schecks, Anweisungen, Wechsel (Akzepte und Domizile) sowie teilweise auch Rechnungen in Frage. Die Einlieferung dieses Materials ist in Berlin, wie schon erwähnt, mit Rücksicht auf den Berliner Kassen-Verein durchaus fakultativ, auch ist hier die Einlieferung von Rechnungen nur für die Reichsbank und die Seehandlung vorgesehen; *hier* wird eben, wie gleichfalls bereits dargelegt, das gesamte *Rechnungs*material (das sind in der Hauptsache die Effektenlieferungen) von den Bankfirmen dem älteren Kassen-Verein nach wie vor zugeführt.

An einzelnen anderen Plätzen gehen dagegen auch die Effektenlieferungen über die Reichsbank-Abrechnungsstellen und besteht an diesen zum Teil eine völlige, zum Teil eine beschränkte *Verpflichtung* für die Einlieferung des gesamten in Frage kommenden Materials. Die zur Einlieferung gelangenden Papiere müssen geordnet, mit dem Firmenstempel der betreffenden Firma versehen und, soweit Quittungen erforderlich, gehörig quittiert sein.

In zivilrechtlicher Beziehung ist unter den Mitgliedern mit bindender Kraft vereinbart, daß

1. zunächst jeder Gläubiger unmittelbar mit seinem Schuldner abrechnet,
2. die Ausgleichung im Abrechnungsverfahren als Zahlung im Sinne des bürgerlichen Rechts und
3. die Einlieferung eines Papieres in die Abrechnungsstelle als *gehörige Präsentation zur Zahlung* im Sinne des bürgerlichen Rechts gilt.

Ein zurückgehendes Papier braucht also nicht nochmals im Geschäftslokale des Schuldners vorgelegt zu werden, sondern kann sogleich zum Protest mangels Zahlung gehen.

Die schließliche Ausgleichung des aus der täglichen Abrechnung sich ergebenden Saldos für das einzelne Mitglied erfolgt, wie ebenfalls vorhin erwähnt, durch Zu- resp. Abschreibungen auf dessen Reichsbank-Girokonto.

Von dem täglichen Geschäftsgange, der auf einer besonderen, von allen Mitgliedern genehmigten Geschäftsordnung beruht, mögen die folgenden Angaben eine Vorstellung geben. Zu bemerken ist hierbei, daß das Verfahren an allen Stellen ziemlich dasselbe ist und nur je nach den Verhältnissen des Platzes in bezug auf die Zahl der täglichen Zusammenkünfte und die Einlieferungs- resp. Abrechnungsstunden variiert.

In Berlin finden sich pünktlich um 9 Uhr morgens die bevollmächtigten Vertreter sämtlicher Mitglieder in der Abrechnungsstelle auf ihren Plätzen ein. Sie führen die zur Abrechnung bestimmten Papiere mit sich und zwar in Begleitung von Verzeichnissen, von denen je eins für jedes Mitglied der Abrechnungsstelle besonders ausgefertigt ist, welches die dem betreffenden Mitgliede abzuliefernden Papiere, nach den Beträgen einzeln aufgeführt und alsdann summiert, enthält. Das empfangende Mitglied resp. dessen Vertreter prüft die Richtigkeit des Verzeichnisses an der Hand der übergebenen Wertstücke und erteilt alsdann dem Einlieferer ein Empfangsbekenntnis, welches nur die Endsumme der empfangenen Einlieferung enthält. Das Formular hierzu ist ihm von dem Einliefernden so weit ausgefertigt übergeben worden, daß er nur die Unterschrift zu leisten und es zurückzugeben hat.

Formular 3 gibt das Schema für die Verzeichnisse, Formular 4 dasjenige für die Empfangsbekenntnisse wieder. Außer diesen beiden Formularen führt jeder Vertreter ein sogenanntes „Abrechnungsblatt" mit sich, wie es Formular 6 zeigt. Bereits vor der Einlieferung hat er in der Sollkolonne desselben die Gesamtsumme, und davor die Stückzahl der den einzelnen Firmen von ihm übergebenen Papiere ausgefüllt; die Gesamtsumme der seinerseits von jeder einzelnen Firma empfangenen Papiere trägt er auf seinem Abrechnungsblatte an der betreffenden Stelle in die Habenkolonne ein. Ist so weit die Einlieferung gegenseitig erfolgt, so wird die erste Zusammenkunft geschlossen, die Vertreter begeben sich mit den empfangenen Papieren nach Hause, um dort die Prüfung derselben vornehmen zu lassen.

Um 12½ Uhr mittags finden sie sich wieder bei der Abrechnungsstelle ein und liefern nunmehr die beanstandeten Papiere dem Einlieferer, wie eine umgekehrte Einlieferung, zurück. Bei der Rücklieferung trägt jedes zurückgelieferte Papier einen roten angehefteten Zettel, welcher den Beanstandungsgrund für die verweigerte Zahlung angibt. Ein rotes Verzeichnis, wie Formular 5, liegt bei. Es enthält die einzelnen Posten und die aufaddierte Gesamtsumme des Verzeichnisses.

Die Endsumme über die ihm zurückgelieferten Papiere stellt der Empfänger, d. i. der ursprüngliche Einlieferer, auf seinem eben erwähnten Abrechnungsblatte bei derjenigen Firma, welche sie zurückgeliefert hat, in die Habenkolonne mit dem Zusatz: R ein. Soweit bei dieser zweiten Zusammenkunft Rückliefe-rungen nicht erfolgen, gelten die des Morgens übergebenen Papiere als unwiderruflich anerkannt. In dieser zweiten Einlieferung sind außer den Retourposten auch neue weitere Einlieferungen statthaft, die bezüglich der Verzeichnisse, Empfangsbekenntnisse und der Eintragung in das Abrechnungsblatt genau wie diejenigen der Morgeneinlieferung behandelt werden. Sie erhalten hier zur Kennzeichnung überall den Zusatz: „II. Einlieferung". Nachdem dies geschehen, begeben sich die Vertreter wiederum zur Prüfung der Neueinlieferungen aus dieser zweiten Einlieferung nach Hause.

Um 4 Uhr nachmittags findet nunmehr die letzte, dritte Zusammenkunft statt; in derselben dürfen Neueinlieferungen nicht mehr erfolgen, nur Retourposten aus der II. Lieferung werden angenommen und ebenso wie die Retourposten aus der I. Lieferung behandelt. Soweit die Posten aus der II. Lieferung bis zur dritten Zusammenkunft nicht zurückgegeben werden, gelten nunmehr auch sie als anerkannt.

Nunmehr addiert jeder Vertreter die Debet- und Kreditsummen seines Abrechnungsblattes und stellt dann den Endsaldo fest. Dieser Endsaldo stellt den Betrag dar, welchen seine Firma der Gesamtheit der Abrechnenden schuldet, respektive von ihr zu fordern hat. Über diesen Saldo stellt er eine Anweisung an das Girokonto der Reichshauptbank auf dem Abrechnungsblatte selbst (unten) und wörtlich gleichlautend auf einem besonderen scheckartigen Zettel, wie Formular 7 resp. 8 zeigen, aus und übergibt diesen zusammen mit seinem Abrechnungsblatte (Form. 6) dem Vorsteher der Abrechnungsstelle.

Wie eben erwähnt, stellt der Endsaldo auf dem Abrechnungsblatte eines jeden Mitgliedes den Betrag dar, welchen dieses nicht dem einen oder anderen Mitgliede, sondern der Gesamtheit der abrechnenden Mitglieder schuldet resp. von ihr zu fordern hat, und so ergibt sich auch demgemäß aus dem Wortlaut der Anweisungen (laut Form. 6—8), daß die Salden der einzelnen Teilnehmer von diesen bei der Reichsbank nicht den Girokonten des einen oder anderen Teilnehmers, sondern dem Konto der Abrechnungsstelle angewiesen werden. Es erscheint also in diesem Augenblick, als dazwischengeschoben, ein neues Rechtssubjekt, die Abrechnungsstelle, welche die Gesamtheit der Abrechnenden umfaßt, und welcher die aus den eingelieferten Papieren Verpflichteten oder Fordernden gleichsam für einen Moment ihre Ansprüche oder Verpflichtungen übertragen. Es ist klar, daß, wenn die Abrechnung keinen Rechenfehler enthält, diesem dazwischengeschobenen Rechtssubjekt, der Abrechnungsstelle, im ganzen ebensoviel Forderungen wie Verpflichtungen übertragen sein müssen, so daß das Konto der Abrechnungsstelle selbst immer saldenlos glatt aufgehen muß, sobald die Abrechnungsstelle wieder die Verbuchungen der ihr von den einzelnen Mitgliedern angewiesenen Beträge zu Lasten oder zu Gunsten der Girokonten der Mitglieder — gemäß deren Endsalden auf den Abrechnungsblättern — veranlaßt.

Dieser letztere Vorgang muß festgehalten werden, da auf denselben bei einem anderen Kapitel am Schlusse dieser Ausführungen nochmals zurückzukommen sein wird.

Formular 9 zeigt das Bilanzblatt des Vorstehers der Abrechnungsstelle, in welches dieser die Endsalden der ihm übergebenen Abrechnungsblätter einträgt. Wer auf Grund der Abrechnung einen Betrag zu zahlen hat, wird natürlich in dem Bilanzblatt als Debitor, wer einen solchen herauszuerhalten hat, als Kreditor der Abrechnungsstelle eingetragen. Ergibt die Addition des Bilanzblattes — nach Ausmerzung etwaiger Rechnungsirrtümer — die erforderliche Übereinstimmung der Additionssumme in Debet und Kredit, so visiert der Vorsteher die Abrechnungsblätter und die ihm gleichzeitig übergebenen Anweisungszettel und stellt durch sofortige Nachfrage bei dem Girokontor der Reichsbank fest, ob die Giroguthaben der Mitglieder zur Deckung der betreffenden Debetsalden ausreichen. Bejahendenfalls visiert er das Bilanzblatt, gibt jedem Mitglied sein Abrechnungsblatt zurück und schließt die Abrechnung, worauf die Vertreter die Abrechnungsstelle verlassen dürfen.

Demnächst übergibt er das Bilanzblatt dem Girokontor der Reichsbank, welches sonach die nötigen Buchungen auf den Girokonten der Mitglieder und dem sich täglich ausgleichenden Konto der Abrechnungsstelle vornimmt.

Reicht dagegen das Giroguthaben auch nur eines Mitgliedes zur Deckung seines Debetsaldos nicht aus und wird die erforderliche Deckung nicht sofort beschafft, so unterbleibt die Visierung des Bilanzblattes und der Vorsteher gibt die Abrechnungsblätter mit der Erklärung zurück, daß die Abrechnung nicht zustande gekommen sei. In diesem Falle gelten die in die Abrechnung gebrachten Beträge nicht als beglichen und die Abrechnungspapiere gehen nicht in das Eigentum der Empfänger über, verbleiben vielmehr bis auf weiteres in deren Verwahrung. Die Mitglieder schreiten alsdann sofort zu einer neuen Schlußabrechnung ohne das zahlungsunfähige Mitglied. Hierbei erstreckt sich diese neue Schlußabrechnung auf die anerkannten Papiere der ersten und zweiten Abrechnung unter Ausschluß der von dem zahlungsunfähigen Mitgliede und auf dasselbe eingelieferten Papiere.

Die Reichsbank ist übrigens berechtigt, während der Dauer der letzten Zusammenkunft die Girokonten der Mitglieder für anderweitige Abschreibungen zu sperren, damit nicht das dem Vorsteher der Abrechnungsstelle angesagte Giroguthaben des einzelnen Mitgliedes — vor der definitiven Abbuchung des betreffenden Betrages aus der Abrechnung — anderweitig ganz oder teilweise in Anspruch genommen werden kann.

VIII.

Seit 1. Juni 1910 hat die Abrechnungsstelle einen weiteren Ausbau erfahren durch die Errichtung der „Berliner Scheck-Austauschstelle“, als deren Mitglieder nur Mitglieder der Abrechnungsstelle, und zwar ohne weiteres, zugelassen sind. Diese Austauschstelle hat zum Gegenstand nicht die Abrechnung, sondern, wie der Name besagt, nur den Austausch von Schecks, die zwar auf Firmen außerhalb Berlins gezogen sind, aber auf denen gleichzeitig eine

Berliner Zahlstelle für die kostenfreie Einlösung des Schecks vermerkt ist. In Frage kommen dabei natürlich nur diejenigen Schecks, als deren Berliner Zahlstelle eben ein Mitglied der Abrechnungsstelle auf den Schecks benannt ist oder ein anderes Bankhaus, welches sich von einem Mitgliede der Abrechnungsstelle zu diesem Zwecke vertreten läßt. Durch diese letztere Bestimmung sollte namentlich den Schecks, welche bei dem großen Kundenkreise des Berliner Kassen-Vereins zahlbar sind, der Anschluß zum Austausch offenstehen; denn der Kassen-Verein, da er Mitglied der Abrechnungsstelle ist, könnte hier beim Scheckaustausch als Vertreter seiner Kunden fungieren; leider aber hat er sich bisher zum Beitritte nicht entschließen wollen.

Die Prozedur der Einlieferung der Schecks und der Abwicklung des Geschäftsganges in der Austauschstelle ist genau derjenigen der Abrechnungsstelle nachgebildet. Nur müssen hier die eingelieferten Schecks laut Formular 10 nicht nur nach dem einzelnen Betrage, sondern auch nach der Schecknummer und dem Zahlungsorte verzeichnet werden. Das Verzeichnis muß doppelt angefertigt werden, das Duplikat kann aus einer Preßkopie bestehen. Die Einlieferung erfolgt täglich einmal und zwar nachmittags um 3½ Uhr, an den Sonnabenden um 12 Uhr. Über die eingelieferten Schecks erteilt der Empfänger genau wie in der Abrechnungsstelle ein kurzes, summarisches Empfangsbekenntnis (Formular 11), auch gibt er das Unikat des Verzeichnisses, mit seinem Signum versehen, dem Einlieferer zurück. Genau nach dem Schema des Abrechnungsblattes der Abrechnungsstelle wird hier nunmehr ein sogenanntes Austauschblatt von jedem einzelnen Vertreter bei der Zusammenkunft angefertigt und summiert. Die Endsalden der ihm übergebenen Austauschblätter trägt der Vorsteher der Austauschstelle in das uns bereits bekannte Bilanzblatt (Form 9.) ein, auf welchem die Addition wieder eine gleich hohe Summe im Debet und Kredit ergeben muß. Ist das der Fall, so bescheinigt der Vorsteher der Austauschstelle auf den einzelnen Austauschblättern die Richtigkeit der Salden, gibt die Austauschblätter zurück und schließt den Austausch. Die von den Vertretern nach Hause gebrachten Schecks werden nunmehr den bezogenen Provinzbankiers übersandt zwecks Feststellung, ob die Schecks zu Lasten der Bezogenen bezahlt werden können.

Um die Antwort hierauf abzuwarten, bedarf es einer Zwischenfrist von wenigen Tagen, ehe die definitive Verrechnung der vorher eingelieferten Schecks stattfinden kann.

Dieser Verrechnungsvorgang spielt sich vier Werktage nach der Einlieferung, und zwar in der Abrechnungsstelle ab. In diese werden bei der Morgeneinlieferung die vor vier Werktagen von den Scheckempfängern signiert zurückerhaltenen Verzeichnisse von neuem als die zu bezahlenden Wertdokumente eingeliefert, nachdem die Verzeichnisse mit dem Quittungsvermerk versehen sind: „Gegenwert der im vorstehenden Verzeichnisse aufgeführten Schecks haben wir durch Abrechnung erhalten".

Zwecks Ausführung dieser Verrechnung stellt jede Firma den Saldo aus dem vor vier Tagen angefertigten Austauschblatte in das Abrechnungsblatt (Form. 6) der Abrechnungsstelle als Debet- oder Kreditposten unter der entsprechenden Bezeichnung als „Saldo der Scheckaustauschstelle" oder: „gelbe Abrechnung" ein.

Sind Schecks mangels Zahlung zurückgekommen, so werden sie unter Rückgabe wie Rücklieferungen bei der Abrechnung behandelt, so daß deren Betrag auf diese Weise zur Zurückvergütung gelangt. Diese Rücklieferung muß am vierten Tage und zwar bei der zweiten Abrechnung in der Mittagsstunde erfolgen, sonst gelten alle nicht zurückgelieferten Schecks an diesem Tage (also vier Werktage nach der Einlieferung) als bezahlt. Ist über das Schicksal eines Schecks bis zum vierten Tage noch nicht nach Berlin Bericht erstattet, so kann statt des Scheckoriginals ein Rücklieferungsschein (Formular 12) zurückgeliefert werden. Dieser Rücklieferungsschein enthält die Bemerkung, daß der Betrag durch die Abrechnung wieder belastet wird, weil eine Benachrichtigung über die Einlösung des Schecks noch nicht vorliegt oder — je nachdem — der unbezahlt gebliebene Scheck noch nicht wieder in Berlin eingetroffen ist.

Diese erst seit kurzem bestehende Einrichtung bewährt sich recht gut; sie erspart nicht nur gleichfalls bare Umlaufsmittel, sondern auch die vielen Botengänge, die bisher erforderlich waren, um jeden einzelnen Scheck der betreffenden Berliner Zahlstelle präsentieren zu lassen, sowie die Ausstellung der vielen Interimsquittungen seitens dieser Zahlstellen, in denen der Empfang der Schecks zwecks Einsendung nach der Provinz zur Feststellung der Ordnungsmäßigkeit zu bescheinigen war. Auch die spätere nochmalige Einzelpräsentation dieser Quittungen zwecks Erhalt der Zahlung oder bei Rücklieferung des Schecks ist überflüssig geworden. In den letzten 7 Monaten des Jahres 1910 kamen ca. 190000 Schecks im durchschnittlichen Betrage von 465 Mark und im Gesamtwerte von ca. 88 Millionen Mark zur Einlieferung; etwa 50 Millionen konnten bereits im Austauschverfahren kompensiert werden, der Rest gelangte auf dem Wege über die Abrechnungsstelle zur Verrechnung.

Vielleicht darf man diese Scheckaustauschstelle als einen verheißungsvollen Vorläufer für ein Reichs-Scheck-Clearing betrachten. Vorbesprechungen für ein solches Reichs-Scheck-Clearing sind bereits vor etwa 3 Jahren im Kreise der Berliner haute banque gepflogen worden, führten jedoch damals nicht zu einem positiven Ergebnisse, da die meisten der übrigen größeren deutschen Handelsplätze sich dem Projekte gegenüber ablehnend verhielten — aus Besorgnis, dadurch noch mehr in das Schlepptau Berlins zu geraten und an Selbständigkeit weiter zu verlieren.

IX.

In ähnlicher Weise wie die Scheckaustauschstelle existiert bei der Reichsbank seit 1. April 1909 auch eine Hypothekenabrechnungsstelle, welche bis jetzt nur viermal im Jahre — nämlich zu den Quartalsterminen — zusammentritt; auch durch diese könnten große Bargeldumsätze erspart werden, und zwar gerade an den Quartalsterminen, was für den gesamten Geldverkehr von besonderem Wert wäre[1]). Ein großer Teil der Berliner haute banque, die meisten Hypothekenbanken, ein Teil der Versicherungsgesellschaften und — mit Rücksicht auf das Städtische Pfandbriefamt — auch der Berliner Magistrat, sind diesem Hypotheken-Clearing beigetreten, im ganzen etwa 40 Mitglieder.

Bezüglich der Einlieferung der Hypotheken-Instrumente ist die Prozedur die gleiche wie bei der Scheckaustauschstelle.

---

[1]) Eine Reformierung dieser Institution zwecks Erzielung besserer Abrechnungsresultate wird geplant.

Die Einlieferung zwecks Prüfung findet in der Zusammenkunft einen Tag v o r dem Quartalsersten statt; die Verrechnung erfolgt am Quartalsersten. Verzeichnisse, Abrechnungsblatt, Anweisungszettel und Bilanzblatt entsprechen den uns bekannten Mustern. Auf Grund des Bilanzblattes stellt der Vorsteher der Abrechnungsstelle wiederum fest, ob die Girokonten der Mitglieder zur Deckung der Debetsalden ausreichen, bejahendenfalls visiert er das Bilanzblatt, schließt die Abrechnung, übergibt das Bilanzblatt dem Girokontor der Reichsbank zur Vornahme der nötigen Buchungen auf den Konten der Mitglieder und der Abrechnungsstelle, — also wiederum genau die gleichen, bereits geschilderten Vorgänge.

X.

Überblicken wir all diese in verhältnismäßig kurzer Zeit geschaffenen Einrichtungen für den bargeldlosen Zahlungsverkehr in Deutschland, so läßt sich das Urteil über denselben nicht besser zusammenfassen, als es in den Worten des Jubiläumsberichtes der Reichsbank vom Jahre 1900 geschieht:

„Giroverkehr und Abrechnungsstelle ergänzen sich gegenseitig zu einer geschlossenen Einheit. Der gesamte Zahlungsverkehr, soweit er durch die Hände der bei den Abrechnungsstellen beteiligten Banken geht, ist wirksam zusammengefaßt, und soweit er sich nicht in sich selbst kompensiert, findet er seine letzte Ausgleichung auf den Girokonten der Reichsbank."

Aus der phänomenalen, nirgends wieder erreichten Ausdehnung des Giroverkehrs der Reichsbank — namentlich durch die Zahlungsausgleichungen von Ort zu Ort im Wege des Giro f e r n verkehrs — ergibt sich ganz von selbst, daß bei uns ein wesentlicher Teil des Scheckmaterials anderer Länder überhaupt nicht existent werden kann. Erfolgt in England und Amerika der Zahlungsausgleich von Ort zu Ort durch Übersendung von Schecks, welche alsdann in den Clearing-Häusern zur Verrechnung gelangen, so wird bei uns dieser Vorgang eben durch die einfache U m b u c h u n g a u f G i r o k o n t o ersetzt.

Deshalb gäbe es ein falsches Bild, wollte man zur Beurteilung des Höhestandes der bargeldlosen Zahlungsweise der verschiedenen Länder die Umsätze unserer Abrechnungsstellen einfach mit denen der englischen und amerikanischen Clearing-Häuser vergleichen. Wir haben gesehen, daß die deutschen Abrechnungsstellen der Reichsbank im Jahre 1910 54 Milliarden und der Berliner Kassen-Verein 23 Milliarden, zusammen also 77 Milliarden Einlieferungen aufzuweisen hatten In England stehen dem vierfach, in den Vereinigten Staaten fast neunfach höhere Beträge an Umsätzen der Clearing-Häuser gegenüber[1]). Aber, wenn wir Vergleiche mit dem Auslande ziehen wollen, so müssen wir der obigen Ziffer der deutschen Abrechnungsstellen von 77 Milliarden eben einen großen Teil der im Reichsbank-Giroverkehr umgesetzten Summen hinzufügen, der die durch Verrechnung bewirkten Zahlungen darstellt, also einen großen Teil der im Jahre 1910 ca. 314 Milliarden betragenden Gesamtgiroumsätze, von denen nur etwa 38 Milliarden auf Barzahlungen entfielen. Es verblieben also an Verrechnungsposten im Giroverkehr 276 Milliarden, die wir, da hier jeder Posten sowohl als Eingang, wie als Ausgang, also doppelt gebucht ist, durch zwei dividieren müssen, um zu adäquaten Vergleichsziffern mit dem Abrechnungsverkehr zu kommen. Wir erhalten dann eine Ziffer von 138 Milliarden, von der wir — schlecht gerechnet — 70 Milliarden als denjenigen Betrag ansehen können, der bei uns den Abrechnungsstellen an Einlieferungen entgeht, weil bei uns eben nicht, wie in England und Amerika, Schecks ausgeschrieben werden, sondern an deren Stelle Umbuchungen auf Girokonto erfolgen. Hieraus ergibt sich, daß die Vergleichsziffern der Clearing-Häuser von England und Amerika höchstens eine doppelte, respektive viereinhalbfache Überlegenheit dieser Länder hinsichtlich der Summen für den Zahlungsausgleich durch Verrechnung ergeben. Aber auch diese Vergleichsziffern werden noch stark zu reduzieren sein, denn ebenso wie unser Giroverkehr bei der Reichsbank stärker und intensiver ausgebildet ist, als im Auslande, ist dies auch im übrigen deutschen Bankverkehr der Fall, wo er namentlich bei den deutschen Großbanken mit ihrem weitverzweigten System von Depositenkassen, Filialen und liierten Banken eine wesentlich größere Rolle im bargeldlosen Ausgleich durch Umbuchung als im Auslande spielt.

[1]) Vergl. Ziffern Seite 56.

XI.

Eine weitere Institution für die bargeldlose Verrechnung bietet ferner der in Deutschland zu Beginn des Jahres 1909 ins Leben getretene Postüberweisungs- und Scheckverkehr. Mit ihm erscheint jetzt auf dem gemeinsamen, von der Reichsbank und Post bearbeiteten Gebiete der Zahlungsvermittlung die Teilung des Arbeitsfeldes zwischen Großverkehr und Kleinverkehr, sowie zwischen Bankplatz (Reichsbankstelle) und Nicht-Bankplatz, d. h. Orten ohne Reichsbankstelle, vollkommen durchgeführt.

Die Technik des Postscheckverkehrs ist zu bekannt, um hier weiterer Ausführungen zu bedürfen. Erwähnt sei nur, daß im Jahre 1909, dem ersten seines Bestehens, der Gesamtumsatz der Scheckämter im Reichspostgebiet bereits 9,8 Milliarden betrug, zur Hälfte Gutschriften, zur Hälfte Belastungen. Die Zahl der Konteninhaber betrug am Schlusse des Jahres 1909 über 36 000. Im Jahre 1910 stieg der Umsatz auf fast das Doppelte des Jahres 1909, nämlich auf 18½ Milliarden, wobei allerdings immer noch fast 10 Milliarden auf bare Ein- oder Auszahlungen entfielen; jedenfalls aber ist hierbei doch gegenüber der Postanweisung im allgemeinen erreicht, daß statt zweier Zahlungen nur eine stattfand.

Die Zahl der Konteninhaber war Ende Dezember 1910 auf 50000[1]) gestiegen und hatte damit nach 2 Jahren des Bestehens ungefähr die nämliche Höhe erreicht, wie die derzeitige Zahl der Konteninhaber in Österreich, das den Postscheckverkehr bereits seit 1883 besitzt.

Die Höhe der von den Konteninhabern gehaltenen Guthaben belief sich Ende Dezember 1910 auf ca. 100 Millionen, so daß bereits 50 Millionen — ein augenfälliger Beweis für den volkswirtschaftlichen Wert dieser Institution — der Reichshauptkasse zur Verstärkung ihrer Betriebsmittel, gegen Vergütung von 3 pCt. Zinsen an die Reichspostverwaltung, überwiesen werden konnten. Die Reichshauptkasse hat von diesem Betrage etwa 35 Millionen in Anleihen des Reichs und der Bundesstaaten, etwa 10 Millionen in Wechseln angelegt und für den Rest verzinsliche Darlehen an gesicherte Einrichtungen zur Förderung von Industrie, Handel und Landwirtschaft gegeben.

---

[1]) Ende September 1911 betrug die Zahl der Konteninhaber ca. 60 000, die monatlichen Umsätze betragen zurzeit über 2 Milliarden.

Auch ist es aus den bekannten Gründen wirtschaftlich wertvoll, wenn der Postscheck die Postanweisung ersetzt und sich dadurch der auf 20 bis 30 Millionen Mark täglich zu beziffernde Gebrauch an Bargeld, das die Geldbriefträger täglich herumschleppen, vermindern läßt. Für die Benutzung des Postscheckverkehrs ist es ferner von wesentlicher Bedeutung, daß den Konteninhabern indirekt auch die Vorteile der Benutzung des Reichsbankgirokontos zur Verfügung stehen, da die Reichspost ein Girokonto bei der Reichsbank unterhält und so für den Postscheckkonto-Inhaber die Möglichkeit besteht, auf das Konto eines Girokunden der Reichsbank Beträge zu überweisen oder von ihm Überweisungen zu empfangen.

Des weiteren wird die Nützlichkeit der Einrichtung dadurch erhöht, daß durch internationales Übereinkommen der deutsche Postscheckverkehr seit Februar 1910 an denjenigen Österreich-Ungarns und der Schweiz und seit 1. November 1910 an denjenigen von Belgien angeschlossen ist, so daß Überweisungen von und nach diesen Ländern für die deutschen und ausländischen Konteninhaber in gleicher Weise wechselseitig ermöglicht sind; im November 1910 erfolgten etwa 2000 Übertragungen nach dem und 7000 Übertragungen vom Auslande mit einem Umsatz von ca. 4 Millionen Mark[1]). Übrigens besitzen auch Bayern und Württemberg ihren Postscheckverkehr, der natürlich — mit ca. 10 000 Konten — dem übrigen deutschen angeschlossen ist.

Diese bisherige Entwicklung des Postscheckverkehrs läßt die Hoffnung zu, daß derselbe den mittleren und Kleinverkehr sich immer mehr erobern und für ihn schließlich dasselbe leisten wird, wie das Reichsbankgirokonto und die Abrechnungsstellen für den Großverkehr[2]).

Dem letzteren bleibt ja, wie dargelegt, nur noch wenig für den Abrechnungsverkehr zu tun übrig; mehr können noch die Behörden, staatliche und städtische Kassen, durch Annahme von Schecks und Beitritt zum Postscheckverkehr, tun, am

---

[1]) Im September 1911 erfolgten 2130 resp. 8980 Auslands-Übertragungen im Betrage von 4,8 Millionen.

[2]) Insbesondere, wenn eine zweckentsprechende Reform des Gebührentarifs erfolgt, wie sie seitens des Staatssekretärs des Reichspostamts in einer am 5. Dezember 1911 abgehaltenen Konferenz von Vertretern der beteiligten Berufszweige für die im Jahre 1912 zu erwartende gesetzliche Regelung des Postscheckwesens in Aussicht gestellt wurde.

meisten aber muß der Mittelstand und der Kleinverkehr, der Rentier und der Beamte, kurz die große Masse der Bevölkerung für die Reform ihrer rückständigen Zahlungsweise, auch z. B. bei der Entgegennahme der Gehälter[1]) und Löhne, gewonnen werden; und da zeigt eben doch die Entwicklung des Scheck- und des Postscheckverkehrs in den letzten Jahren erfreulicherweise, daß auch für diese weiten Kreise der Boden reif ist, wenn er nur anhaltend weiter beackert wird.

XII.

Die tägliche Geldbewegung läßt sich ja leider, namentlich im kleinen, nicht erfassen, aber so viel steht jedenfalls fest, daß unbeschadet aller erreichten Fortschritte der Bedarf der deutschen Volkswirtschaft an baren Umlaufsmitteln im Vergleich zu dem anderer Kulturländer immer noch ein ganz exorbitanter ist und daß es nicht schwer sein dürfte, denselben bei einigermaßen gutem Willen aller Kreise wesentlich einzuschränken. Zum Beweise hierfür einige Zahlen:

Nach den im „Statistischen Jahrbuche des Deutschen Reichs" gegebenen Zusammenstellungen resp. nach den für zuverlässig erachteten Berichten des amerikanischen Münzdirektors[2]) betrug im Deutschen Reiche die Ausprägung von Goldmünzen seit 1872 am Ende des Jahres 1909 4½ Milliarden Mark; hiervon mögen etwa 6—700 Millionen für Industriezwecke verbraucht oder außer Landes gegangen sein. Es ergibt sich demnach für Deutschland ein Vorrat an Goldmünzen im Betrage von etwa 3,8 Milliarden Mark. Nur 660 Millionen hiervon lagen Ende 1910 in den Kassen der Reichsbank und der anderen deutschen Notenbanken und konnten als Unterlage für die Notenausgabe dienen. Im Umlauf, also in den Händen der Bevölkerung, verblieben mehr als 3,1 Milliarden Mark Goldmünzen, zu denen etwa 1 Milliarde Silbermünzen, sowie durchschnittlich 1½ Milliarden Banknoten und 120 Millionen ungedeckte Kassenscheine treten; es kommt also auf den Kopf der ca. 65 Millionen betragenden Bevölkerung Deutschlands ein Zahlungsmittelverbrauch von fast 90 Mark.

Wie anders liegen dagegen die Verhältnisse in Frankreich und England. Der Goldvorrat Frankreichs dürfte dem Deutsch-

---

[1]) An Staatsbeamte allein werden quartaliter 320 Millionen Mark Gehälter gezahlt.

[2]) Vergl.: „Goldvorräte", Seite 56.

lands höchstens um ½ Milliarde übersteigen, aber während bei uns, wie oben ausgeführt, nur 660 Millionen davon in der Bank liegen, befanden sich in der Bank von Frankreich Ende 1910 2,65 Milliarden Mark Gold, also das Vierfache der für Deutschland genannten Summe, und während bei uns der umlaufende Goldbetrag mit 3,1 Milliarden zu beziffern ist, beläuft sich der Goldumlauf in Frankreich nur auf 1,7 Milliarden, also nur auf etwas mehr als die Hälfte des deutschen. In Frankreich besteht eben die für das Geldwesen beneidenswerte Gewohnheit, sich des Goldes und Silbers zu entledigen, es zur Bank zu tragen und dagegen Noten einzutauschen. Die umlaufenden französischen Banknoten — allerdings über 5 Milliarden Francs — stellen daher zu mehr als ¾ ihres Umlaufbetrages nur Geldzertifikate dar, d. h. sie bilden zirkulierende Bankbescheinigungen über eingeliefertes Gold und Silber; nur knapp ¼ des französischen Notenumlaufs basiert also auf kommerziellen Operationen.

Noch imposanter in ihrer Kleinheit bezüglich der Umlaufsmittel sind die Vergleichsziffern Englands. England, dessen Welthandel im Jahre 1909 auf 22,3 Milliarden — gegenüber der deutschen Welthandelsziffer von 16,3 Milliarden — geschätzt wurde, bewältigt diesen Import- und Exportverkehr sowie den ganzen internen Handelsverkehr mit einem Goldvorrat, der nur etwa 60 pCt. so groß ist, wie der Deutschlands resp. Frankreichs. Er beträgt ca. 2,3 Milliarden Mark, von denen, ähnlich wie bei uns, 625 Millionen Mark in der Bank von England liegen. Im Umlauf sind, wie in Frankreich, etwa 1700 Millionen, also wieder nur etwa halb so viel wie bei uns, und auch der Umlauf an Silbermünzen ist nur halb so groß wie bei uns; er beträgt nur etwa ½ Milliarde. Während wir Ende 1909 mit einer Ziffer von fast 1200 Millionen ungedeckter Noten rechnen mußten, kommt England für gewöhnlich ganz ohne ungedeckte Noten aus.

Aus diesen wenigen Ziffern ergibt sich wohl schon zur Genüge, welche ungeheure Verschwendung in Deutschland mit baren Zahlungsmitteln immer noch getrieben wird. Gelänge es, auf den Kopf der Bevölkerung nur 10 M. Gold aus dem Verkehr zurückzuziehen und in die

Kassen der Bank mit 650 Millionen Mark fließen zu lassen[1]), um dort als Notenunterlage zu dienen, so würde die Wirkung hiervon auf unserm gesamten Geldmarkt zu spüren sein: es liefen weniger ungedeckte Noten um, der Status der Bank wäre ein leichterer, der Diskont könnte niedriger gehalten werden und der jämmerliche Kurs unserer Staatsanleihen würde sich hierdurch von selbst um ein ganz erhebliches bessern.

Die Diskontsätze in den angeführten 3 Ländern zeigen ja in der Hauptsache nur die Wechselwirkung der eben geschilderten Verhältnisse, und wenn im Durchschnitt der beiden Jahre 1908 und 1909 Frankreich mit einem Privatdiskontsatze von 2 pCt., England mit einem solchen von 2,3 pCt. auskommen konnte, Deutschland dagegen 3,2 pCt., an offiziellem Bankdiskont sogar $4^1/_3$ pCt. gegen 3 pCt. in Paris und London im Durchschnitt der Jahre 1908 und 1909 zahlen mußte[2]), so bedarf es wohl keiner weiteren Ausführungen, welche Riesensumme an Schuldzinsen Deutschland mehr aufzubringen hat, als Frankreich und sein englischer Handelsrival. Nur an Wechseln sind in Deutschland ständig etwa 8 Milliarden im Verkehr; nur ½ pCt. Diskontersparnis bedeutet auf diese Summe eine Jahresersparnis von 40 Millionen Mark. Die Immobiliarbelastung Deutschlands ist vor einigen Jahren auf 43 Milliarden Mark beziffert worden. Zu 4 pCt. verzinst erfordert sie eine jährliche Zinszahlung von etwa 1720 Millionen Mark; jedes ½ pCt. Ersparnis bedeutet ca. 215 Millionen Mark.

Und welche Geldersparnis ließe sich ferner erzielen, wenn diese Zinsensumme wenigstens durch Schecks und Abrechnungsstellen zur Verrechnung gebracht würde? Von Präge- und Transportkosten und sonstigen Verlusten an Bargeld soll hier nicht erst gesprochen werden, obwohl auch dadurch jahrein, jahraus große Summen unnütz geopfert werden.

---

[1]) Kämpf sagt im Bank-Archiv vom 15. Nov. 1911 u. a. sehr richtig: „Wenn ich 20 Mark zu bezahlen habe und gebe einen Hundertmarkschein in Zahlung, so kann ich sicher sein, 80 Mark in Gold zurückzuempfangen.

[2]) Im Jahre 1910 waren die Durchschnittssätze für den offiziellen Diskont 4,35 pCt. in Deutschland, 3,72 pCt. in England, 3 pCt. in Frankreich, die Privat-Diskontsätze 3,54 resp, 3,18 resp. 2,44 pCt.

Könnten wir — wie gesagt — nur 10 M. Gold pro Kopf der Bevölkerung zurückziehen, so würden allein die Zinsen für die wirtschaftliche Verwendung dieser 650 Millionen Mark eine Ersparnis von jährlich 26 Millionen Mark ergeben.

Genug dieser leicht zu vermehrenden Beispiele dafür, welche wirtschaftliche Bedeutung eine Einschränkung der Umlaufsmittel hat und welcher Nutzen der Volkswirtschaft durch eine Ausdehnung des Abrechnungsverkehrs in vielfacher Hinsicht erwächst.

XIII.

Mit dem Geldabrechnungsverkehr im engsten Zusammenhange steht der Effektenabrechnungsverkehr, er lehnt sich in der Saldierungstechnik an jenen an und verfolgt letzten Endes mit ihm das gleiche Ziel: durch Umsatzausgleichung die Effektivlieferung so viel als möglich einzuschränken.

Seit dem Jahre 1882 besteht bei dem Berliner Kassen-Verein eine „Giro-Effekten-Depot" benannte Abteilung, welche zu dem Zwecke ins Leben gerufen wurde, die Unzuträglichkeiten, die mit der fortwährenden Hin- und Herlieferung der marktgängigsten Wertpapiere verbunden waren, zu beseitigen. Der tägliche Geschäftsverkehr bringt es bekanntlich mit sich, daß die nämlichen Effekten — sei es durch Verkauf, Lombardierung oder andere Transaktionen — häufig aus der Hand des einen Bankiers in die eines anderen übergehen; jedesmal bei einem solchen Übergange wäre bei der Lieferung in natura die Aufstellung von Nummernverzeichnissen, die bücherliche Eintragung der ein- und ausgehenden Stücke nach deren Nummern, sowie der nicht ganz gefahrlose Transport der Stücke durch den Kassenboten erforderlich. Diese Arbeiten und Risiken erspart die eben genannte Institution, welche es den Mitgliedern des Giro-Effekten-Depots ermöglicht, ihre disponiblen Effektenbestände dem Giro-Effekten-Depot zur Aufbewahrung zu übergeben zu dem Zwecke, bei Bedarf über dieselben mittels Effektenschecks anderweit zu verfügen.

Mitglied des Giro-Effekten-Depots kann jede in das Berliner Handels-Register eingetragene Firma werden. Über die Aufnahme der sich zur Mitgliedschaft meldenden Firma entscheidet eine Aufnahmekommission. Der Hauptstamm der Mitglieder besteht natürlich aus den Bankgewerbetreibenden.

Das „Giro-Effekten-Depot" spielt rechtlich die Rolle des Verwahrers und ist daher nicht befugt, über die ihm eingelieferten Effekten anders zu verfügen als auf Order desjenigen, zu dessen Gunsten die betreffenden Effekten eingeliefert worden sind resp. aufbewahrt werden. Die Bank kann sich infolgedessen nicht zur Eigentümerin der Effekten machen, sofern nicht zu ihren Gunsten verfügt ist; auch ein Pfand oder Zurückbehaltungsrecht kann sie nur wegen solcher Forderungen gegen den Empfangsberechtigten geltend machen, welche mit Bezug auf die fraglichen Papiere selbst entstanden sind. Wohl aber ist die Bank berechtigt, Dritten gegenüber alle Rechte eines Eigentümers geltend zu machen.

Der Einlieferer begibt sich mit der Einlieferung von vornherein des Rechtes, bestimmte Nummern oder Abschnitte zurückzuverlangen, da die Bank die eingelieferten Effekten nicht speziell aufbewahrt, sondern alle Effekten einer Gattung als Gesamtbestand behandelt und verwaltet. Schon hieraus ergibt sich, daß Lospapiere oder andere mit variablen Prämien zu verlosende Effekten nicht in Girodepot genommen werden. Diejenigen Effektengattungen, welche die Bank in Depot nimmt, gibt sie jeweils ihren Mitgliedern durch gedruckte Verzeichnisse bekannt. Im Jahre 1882 betrug die Zahl der in Frage kommenden Effektengattungen 40, im Jahre 1903 144, gegenwärtig ca. 150.

Die Einlieferung der Effekten erfolgt in Begleitung eines Nummernverzeichnisses; die Bank erteilt über die Einlieferung Empfangsbescheinigungen (Form. 13). Allmonatlich zweimal, am 5. und am 20. jeden Monats, haben die Mitglieder Verzeichnisse derjenigen Effektenbestände, welche für sie beim Giro-Effekten-Depot ruhen, zwecks Abstimmung einzureichen. Diese Verzeichnisse enthalten natürlich keine Nummern, vielmehr sind die Effekten nur nach Nominalbeträgen und Gattungen aufgeführt.

Eine Verfügung über die im Depot befindlichen Wertpapiere ist nur mittels ordnungsmäßig ausgestellter Schecks möglich. Durch weiße Schecks (Form. 14) erfolgt die Verfügung über diejenigen Wertpapiere, welche dem Scheckaussteller oder dem

Präsentanten des Schecks ausgehändigt werden sollen; rote Schecks (Form. 15) sind zu Übertragungen der darin angewiesenen Effektenbeträge auf das Girokonto eines anderen Mitgliedes, und zwar nur der in dem Scheck bezeichneten Firma, bestimmt.

Außerdem existiert seit dem Jahre 1888 eine dritte Sorte von Effektenschecks, die sogenannten grünen Schecks (Form. 16). Dieselben sind zur Pfandbestellung bestimmt, wobei das Giro - Effekten - Depot die Stelle des Pfandhalters einnimmt. Der Aussteller bleibt mithin Eigentümer und Nutznießer der Effekten, während dem Scheckempfänger jederzeit die Möglichkeit geboten ist, sich in den Besitz der Effekten zu setzen, um sein Pfandrecht daran auszuüben.

Bei Eingang eines grünen Schecks beim Giro-Effekten-Depot bestimmt die Bank die einzelnen Stücke nach Appoints und Nummern, welche dem Pfandrechte unterliegen sollen; sie sondert die betreffenden Effekten von dem Gesamtbestande ab und bewahrt sie für den Darlehnsgläubiger getrennt auf. Die Bank fertigt zu den ausgesonderten Stücken Nummernverzeichnisse an und bewahrt dieselben mit dem betreffenden grünen Scheck zusammen auf. Es läßt sich demnach jederzeit mit Sicherheit feststellen, welche Nummern durch den grünen Scheck verpfändet sind.

Der Aussteller des grünen Schecks ist natürlich nicht berechtigt, über die verpfändeten Effekten anderweitig zu verfügen. Die Bank schreibt diese Effekten von seinem Effektenguthaben ab und bringt sie auf ein besonderes Pfandkonto, auf welchem sie zur jederzeitigen und ausschließlichen Verfügung des Darlehnsgläubigers aufbewahrt werden, für welchen die Bank eben den Pfandbesitz ausübt.

Ist der seitens des Pfandempfängers eingelieferte grüne Scheck von der Bank für richtig befunden worden, so erteilt dieselbe demjenigen, zu dessen Gunsten er ausgestellt ist, eine Empfangsbescheinigung (Form. 17).

Erlischt das Pfandverhältnis, so wird die Empfangsbescheinigung über den grünen Scheck an die Bank von dem bisherigen Darlehnsgläubiger zurückgegeben; der grüne Scheck verliert damit seine Wirksamkeit, er wird seinem Aussteller als erledigt wieder zurückgegeben, und die bisher verpfändet gewesenen Effekten werden demselben wieder zur freien Verfügung gestellt, indem sie seinem freien Effektenguthaben wieder zugeschrieben werden.

Der Geschäftsverkehr in diesen grünen Schecks hat im Laufe der Jahre eine solche Bedeutung erlangt, daß sein Anteil an dem ganzen Effekten-Giroverkehr gegenwärtig mehr als 60 pCt. ausmacht. Die derzeitigen 154 Mitglieder des Giro-Effekten-Depots haben im Jahre 1910 ca. 23 Milliarden Effekten — diese nach ihrem Wert berechnet — im Effekten-Girowege umgesetzt, und hiervon entfielen 13½ Milliarden auf Transaktionen mit grünen Schecks. Für diese Umsätze waren ca. 350 000 Jahresbuchungen beim Giro - Effekten - Depot erforderlich; 134 000 Effektenschecks im durchschnittlichen Betrage von ca. 60 000 M. gelangten hierbei zur Ausschreibung.

Demonstrieren wir zusammenfassend das praktische Ergebnis der Vereinigung vom Geld- und Effekten-Giroverkehr beim Kassen-Verein nochmals an einem Beispiel: S. Bleichröder verkauft an die Dresdner Bank 47 800 M. Preußische 3 proz. Konsols; wie wickelt sich diese Transaktion ab? S. Bleichröder liefert die Rechnung über den Verkaufspreis der Konsols im Geldgiroverkehr beim Kassen-Verein ein und befestigt an die Rechnung einen roten Effektenscheck über diese 47 800 M. Konsols. Auf Grund des roten Effektenschecks schreibt das Effekten-Giro-Depot die Effekten von dem Effektenguthaben von S. Bleichröder ab und demjenigen der Dresdner Bank zu; der geldliche Gegenwert gelangt zur Verrechnung mit den übrigen Tageslieferungen jedes der beiden Kontrahenten, deren Endsalden dem Geldgirokonto beim Kassen-Verein gutgeschrieben oder belastet werden.

Wie wir sehen, keinerlei materielle Effektenbewegung, keinerlei materielle Geldbewegung! Auf diese Weise wechselten — wie erörtert — im vorigen Jahre 23 Milliarden Effektenwerte die Hand, und 40 pCt. dieser Summe entfielen hiervon auf die Ultimotage, — ganz abgesehen von allem anderen, eine ungeheuere bureautechnische Leistung!

XIV.

Und mit dem Worte „Ultimo" komme ich auch zu dem letzten Teile meiner Ausführungen, in dem noch zu zeigen wäre, wie auch bei der Ultimoabrechnung der börsenmäßigen Zeitgeschäfte nur genau die gleichen Prinzipien zur Anwendung gelangen, wie bei dem ganzen übrigen kaufmännischen Abrechnungsverkehr. Vielleicht ist die Annahme nicht zu optimistisch, daß manches Mißverständnis, welches die Anwendung der sogenannten Differenztheorie auf börsenmäßige Zeitgeschäfte in der juristischen Literatur, in der Judikatur und Gesetzgebung zur Folge hatte, sich hätte vermeiden lassen, wenn schon früher einmal in gleicher Verbindung wie hier, d. h. bei der Erörterung des übrigen Abrechnungsverkehrs, schließlich gezeigt worden wäre, wie die sogenannte Ultimoliquidation nichts weiter ist, als die letzte natürliche Konsequenz des ganzen Systems des kaufmännischen Abrechnungsverkehrs, dessen höchste Entwicklungsstufe sie darstellt.

Aus dem eben angeführten Beispiele des Verkaufs von 47800 M. Preußischen Konsols wissen wir, daß sehr ernsthafte Umsätze getätigt werden können ohne materielle Geld- und ohne materielle Effektenbewegung, scheinbar nur auf dem Papier mittels Schecks und Umbuchungen. Wir wissen aus unseren früheren Darlegungen ferner, daß beim Geldverkehr das Giro- oder Skontrierungsverfahren nach dem Muster Hamburgs oder der Abrechnungsstellen der Reichsbank eine höhere Stufe der Entwicklung im Abrechnungswesen darstellt, als der Scheck.

Das gleiche — in bezug auf das niedrigere Niveau — gilt natürlich auch für den Effektenscheck. Auch hier bedeutet es einen weiteren Fortschritt in der Technik des Abrechnungswesens, wenn sich die Ausschreibung von Effektenschecks erübrigen läßt durch eine Effekten-Skontrierung genau nach dem Vorbilde der Geld-Skontrierung.

Im Kassaeffekten-Verkehr wäre eine Effekten-Skontrierung bei der großen Anzahl der Wertpapiergattungen und der fast unbegrenzten Verschiedenheit der gehandelten Nominalbeträge schwierig. Denn wenn bei der Geld-Skontrierung für jede Firma nur ein Abrechnungsblatt oder ein

Skontrierungsbogen erforderlich ist, weil eben alle zur Verrechnung kommenden Forderungen schließlich gleichmäßig in Geld auslaufen, so ist bei der Effekten-Skontrierung natürlich ebenso Vorbedingung, daß nur Gleiches mit Gleichem skontriert werden kann, d. h., daß für jede Effektengattung ein besonderer Skontrobogen seitens jeder einzelnen Firma eingereicht werden muß, und daß dann die Skontrobogen der Mitglieder, nur soweit sie über die gleiche Effektengattung lauten, für sich als einheitliches Ganzes skontriert werden können. Im Termingeschäft läßt sich dies durchführen, weil eben auf Zeit nur eine bestimmte Zahl von Effektengattungen gehandelt werden darf und daher die seitens jeder einzelnen Firma auszufertigende Zahl der Skontrobogen nur eine beschränkte ist.

Hat also S. Bleichröder am Ultimo eines Monats beispielsweise 600000 M. Lloyd-Aktien aus den verschiedensten im Laufe des Monats getätigten Börsenabschlüssen den verschiedensten Kontrahenten am Ultimo abzuliefern und 450 000 M. derselben Aktien ebenso abzunehmen, so lassen sich die vielen Effektenschecks, die er sonst einerseits zu empfangen und anderseits auszuschreiben und zu liefern hätte, ersparen durch einen Skontrobogen über Lloyd-Aktien; aus ihm ergeben sich dann die Namen der Abnehmer und Empfänger mit den entsprechenden Nominalsummen, und nur über den Saldo — in unserm Beispiele 150 000 Mark — hätte er einen Effektenscheck auszuschreiben. Da dem Abnahmeposten auf dem Skontrobogen der einen Firma ein Lieferungsposten auf dem Skontrobogen einer anderen Firma naturgemäß gegenüber stehen muß, ergibt sich — genau wie beim Geldskontro in den Abrechnungsstellen der Reichsbank —, daß bei der Skontrierungsstelle die Endsummen aller Skontrobogen der nämlichen Effektengattung zusammen in Abnahme und Lieferung von gleicher Höhe sein müssen[1]).

Nun kommt noch weiter hinzu, daß der Ultimohandel in Effekten sich ausschließlich in bestimmten runden Nominalbeträgen von 15 000 M., 5000 Gulden, 10 000 Francs, 50 Stück

[1]) Vergl. die tabellarische Darstellung einer Ultimo-Skontrierung in meiner Schrift „Juristische Lehrmeinungen über Börsengeschäfte". 1903. J. Guttentags Verlag.

und einem Vielfachen dieser Beträge vollzieht, andere Nominalbeträge kommen beim Ultimoverkehr gar nicht in Frage. Lag es da nicht überaus nahe, mit der geschilderten Effektenskontrierung noch ein Weiteres unzertrennlich zu verbinden? nämlich die Zahlung resp. Verrechnung eines einheitlichen Geldbetrages als Gegenwert für jedes durch Skontrierung gelieferte Einheitsquantum der betreffenden Effektengattung, in unserem Beispiel also für je 15000 M. Lloyd-Aktien.

Man sagte sich: Ich habe Dir 15 000 M. Lloyd zu liefern; ich liefere sie Dir im Wege der Skontrierung, und Du vergütest mir dafür gleichzeitig, Zug um Zug, einen einheitlich festgesetzten Gegenwert unter Vorbehalt späterer direkter genauer Verrechnung zwischen uns. Damit haben wir als Clou des Abrechnungsverfahrens eine kombinierte Geld- und Effektenskontrierung. Worin hatte dann noch die genaue direkte Verrechnung allein zu bestehen? Offenbar nur in dem Unterschiede zwischen dem provisorisch angenommenen Gegenwert und dem genau ausgerechneten Kaufpreise, wie er sich aus dem Abschlußkurse des einzelnen Geschäfts ergab.

Nehmen wir einmal an, daß als provisorischer Verrechnungswert für 15 000 M. Lloyd-Aktien der Betrag von 15 900 M. zu gelten hätte und daß der genau ausgerechnete Kaufpreis laut Abschlußkurs von 110 pCt. 16500 M. betragen würde, so hätte die definitive Abrechnung zwischen Käufer und Verkäufer zu lauten: Kaufpreisforderung für im Skontrierungswege gelieferte

15000 M. Lloyd-Aktien = ...	16 500 M.
dagegen empfangener provisorischer Verrechnungsbetrag	15 900 ,,
verbleiben . . .	600 M.,

noch zu erstatten an den Verkäufer.

Nun wäre aber ein derartiges Verfahren ein Operieren mit unnütz großen Zahlen; dies läßt sich vermeiden, wenn als einheitlicher provisorischer Verrechnungswert von der zuständigen Stelle, d. h. dem Börsenvorstande, nicht ein Geldbetrag (in unserm Beispiel 15 900 M.) festgesetzt wird, sondern statt dessen ein entsprechender fiktiver, ausschließlich dieser Verrechnung dienender Kurs, also statt

15900 M. für 15000 M. Lloyd-Aktien einfach der entsprechende Kurs von 106 pCt. Das Resultat ist natürlich dasselbe. Der Verkäufer hatte 110 pCt. zu verlangen, 106 pCt. hat er bei der Lieferung der Effekten im Skontrierungswege Zug um Zug als provisorischen Gegənwert abschläglich verrechnet erhalten, folglich hat er noch 4pCt. auf Nom. 15000 M. = 600 M., also genau den gleichen Betrag wie oben, vom Käufer als Restkaufgeld zu fordern.

Statt nun — wie hier geschehen — korrekt von Kaufpreisforderung, Abschlagszahlung und Restkaufgeld zu sprechen, hat sich in Bankkreisen unglücklicherweise die laxere Ausdrucksweise eingebürgert, kurzerhand von einer „Differenz" zwischen „Abschlußkurs" und „Liquidationskurs" zu reden.

Unter dem Liquidationskurs versteht man eben, wie ja auch aus dem Worte hervorgeht, die ausschließlich für die Zwecke der Ultimoliquidation vom Börsenvorstande jeweilig festgestellten Verrechnungspreise von kursmäßigem Aussehen, die aber trotz dieses Aussehens niemals richtige Kurse oder Handelspreise für selbständige Geschäftsabschlüsse, schon ihrer ganzen mechanischen Art der Festsetzung nach, sind noch sein können.

So klar dieser Tatbestand ist, so arg ist er von Nichtfachleuten verkannt worden. Den Liquidationskurs, der bereits einige Tage vor dem Ultimo festgestellt wird, hat man kurzerhand zum „Börsenpreis der Lieferungszeit" — also des Ultimotages selbst — gestempelt. Aus dem Worte „Differenz" hat man gefolgert, daß jedes Kaufgeschäft an der Börse eo ipso mit einem Gegengeschäft zu dem berüchtigten Liquidationskurse verbunden sei und so automatisch — durch dieses nur in der Einbildung des Laien existierende Gegengeschäft — zur Erledigung per Differenzzahlung gelange, daß demnach von einer wirklichen Effektenlieferung, wie sie doch unbedingt erfolgen muß und — wie dargelegt — auch tatsächlich im Wege der Skontration erfolgt, überhaupt keine Rede sei, daß der Kaufvertrag demnach nur ein Schein sei und nichts weiter bedeute als ein Spiel um die Differenz zwischen dem verabredeten Abschlußkurse und dem zufälligen „Börsenpreise der Lieferungszeit", unter welchem man wiederum zu Unrecht den mehrere Tage zuvor festgestellten, mit ihm aber trotzdem identifizierten „Liquidationskurs" oder „Stichtagskurs" — auch unter falschen Vorstellungen von dem Begriffe des Stichtages — verstand.

Den Niederschlag all dieser falschen Vorstellungen bietet der famose § 764 BGB, unter dessen Fassung, wenn man dem klaren und von dem Gesetzgeber lange überlegten Wortlaut nicht Gewalt antun will, sich vielleicht Kaffeehauswetten über Veränderungen in den Kurszetteln zwischen zwei im voraus bestimmten Tagen, niemals aber börsenmäßige Geschäfte subsumieren lassen.

Wenn ich an der Börse 15 000 M. Lloyd-Aktien per Ultimo kaufe, muß ich sie am Ultimo unbedingt abnehmen und bezahlen. Den Beweis hierfür erbringt gerade die Aufstellung des Effektenskontros; in ihm figuriert jeder Geschäftsabschluß, ob Kauf oder Verkauf, als selbständiges Ganzes, unabhängig davon, ob überhaupt zufällig ein wirkliches Gegengeschäft vorliegt oder nicht.

Und wie bei den Abrechnungsstellen der Reichsbank sich diese für die Skontrierung, wie oben ausgeführt, als neues Rechtssubjekt zwischen die Parteien schob und sich alle Forderungen und Leistungen der Mitglieder zur Befriedigung übertragen ließ, ebenso werden für diese kombinierte Geld- und Effektenskontrierung die gesamten Ansprüche und Leistungen aus jedem einzelnen im Skontrobogen aufgeführten Geschäfte dem Liquidationsverein zurErledigung übertragen. Ich habe die von mir gekauften Lloyd-Aktien nicht mehr von meinem Verkäufer, sondern vom Liquidationsverein zu erhalten und vergüte diesem den Abschlagswert in Höhe des Liquidationskurses, und ebenso fordert mein Käufer die Effekten nicht von mir, sondern vom Liquidationsverein, und zahlt diesem den abschlägigen Gegenwert in Höhe des Liquidationskurses.

All dies ist möglich, weil eben jedwede 15 000 M. Lloyd-Aktien, welche durch die Skontrierung zum Liquidationskurse gehen, völlig gleichwertig sind und es mir als Käufer daher völlig gleichgültig sein kann, ob ich sie von meinem Verkäufer direkt oder von einem anderen, dem Liquidationsbureau erhalte. Weiterhin hat dieser (der Verkäufer) an mir speziell nur noch das eine Interesse, daß ich ihm das Restkaufgeld zwischen Abschlußkurs und Liquidationskurs vergüte; andernfalls, wenn der Liquidationskurs höher ist als der Abschlußkurs, ich also in der Skontrierung zu teuer abgenommen habe, muß der Verkäufer mir den Unterschied herauszahlen.

So entsteht für diese Restverrechnung die ominöse „Differenznota" zwischen Abschlußkurs und Liquidationskurs, die an so vielen eben skizzierten Mißverständnissen die Schuld trägt. Mehr als diese Nota bleibt allerdings, rein äußerlich betrachtet, von dem ganzen Ultimokaufgeschäft nicht übrig, aber eben nur rein äußerlich betrachtet, denn die Abnahmeverpflichtung und die Zahlungsleistung bis zur Höhe des Liquidationswertes ist eben gesondert im Wege der Skontrierung erfüllt.

Und dieser Weg der Skontrierung verpflichtet mich natürlich auch zur effektiven Erfüllung des Effekten-Saldos meines Skontrobogens, d. h. des Betrages, um den meine Käufe größer sind als meine Verkäufe oder umgekehrt. Für diesen Effekten-Saldo muß ich — je nachdem — Effekten in einem roten Effektenscheck des Effekten-Giro-Depots des Kassen-Vereins dem Liquidationsbureau einliefern oder in einem (blauen) Gutschriftscheck von ihm erhalten, beides gegen Bezahlung zum Liquidationskurse von dem oder an das Liquidationsbureau (Form. 18 und 19).

So bleibt tatsächlich kein Partikelchen des ursprünglichen Kaufvertrages unerfüllt, und es geht doch wirklich nicht an, daß wir mit heißem Bemühen darauf aus sind, im Geldverkehr die effektive Erfüllung mittels Bargeldes durch die verschiedenen Formen des Abrechnungsverkehrs nach Möglichkeit zu ersetzen, ohne deshalb die Ernstlichkeit der zugrunde liegenden Transaktionen irgendwie zu bezweifeln — und daß wir auf der anderen Seite aus dem absolut gleichen Verfahren bei der Erfüllung der Ultimobörsengeschäfte den Schluß ziehen, daß da, wo die Erfüllung in natura nicht äußerlich sichtbar ist und auch nicht sein kann, weil sie im Skontrierungswege erfolgt nicht ernste Verträge, sondern Scheinabkommen vorliegen, daß man die Differenznota fälschlich für den einzigen, statt für den letzten Teil in der Erfüllungskette ansieht und daß man den Liquidationskurs zum automatischen Lösungskurs des Kaufvertrages stempelt.

Vielleicht wird der ganze Vorgang noch klarer durch die Einsichtnahme in das Schema des Skontrobogens (Formular 19), auf dem besonders der Schlußpassus: „Für den Lieferungssaldo ist ein roter Effektenscheck einzuliefern" Beachtung erfordert. Ergibt dagegen der Saldo eines Skontrobogens einen Abnahmesaldo, so erhält der Abnehmende vom Liquidationsbureau eine Rechnung (laut Formular 18), auf welcher gleichfalls der Vermerk über die Effektenlieferung zu beachten ist.

So ergibt sich, daß die Effektenlieferungen in beiden Fällen in das Effekten-Giro-Depot des Kassen-Vereins münden, und ebenso münden die Geldzahlungen für den Liquidationswert der Saldo-Effektenlieferungen in die bekannte Geldabrechnung der Giro- und Inkassoabteilung des Kassen-Vereins.

Die letztere reguliert auch die Differenznoten auf dem nämlichen Abrechnungswege.

Also überall das alte übliche Bild des kaufmännischen Abrechnungsverkehrs, nirgends etwas geheimnisvoll Neues für die Ultimoliquidation.

Abgesehen von kleinen lokalen Abweichungen, die jedoch an dem System selbst nichts ändern, existieren gleiche Einrichtungen wie das hiesige „Liquidationsbureau für die Zeitgeschäfte an der Berliner Börse" seit langem an fast allen größeren Börsenplätzen des In- und Auslandes und überall erfüllen sie ihre Aufgabe vortrefflich. Aber ihre ganze Existenz ist nur denkbar unter der unbedingten Voraussetzung, daß alle Zeitgeschäfte, welche der Ultimoskontrierung zugeführt werden — und zumeist ist das, wie an der Berliner Börse, usancemäßiger Zwang für jeden Börsenabschluß auf Zeit —, völlig gleichartig qualifiziert werden; sie müssen also entweder alle ernste Lieferungsgeschäfte oder alle samt und sonders nur Scheinabkommen sein. Und das letztere wird wohl auch der eifrigste Verfechter der Differenztheorie nicht Wort haben wollen; denn es ist ja offenkundig, daß neue Börsenwerte häufig im Wege des Termingeschäfts aus der Hand des Emittenten in die des Publikums gelangen; wäre alles nur Schein und lediglich Spiel um die Differenz ohne wirkliche Abnahmeverpflichtung, so müßten sich jene Börsenwerte ja noch immer im Besitz der Emittenten befinden.

Kann man aber den an der Börse selbst abgeschlossenen Geschäften die Verpflichtung zur effektiven Erfüllung nicht absprechen, so geht dies ebensowenig an im Kommissionsverkehr des Zentral- oder Provinz-Bankiers mit dem Kunden, sobald diesem Kommissionsgeschäft ein an der Börse abgeschlossenes Geschäft in letzter Instanz zugrunde liegt, gleichviel, ob dem Kunden gegenüber der Bankkommissionär aus ganz anderen Gründen sich als Selbstkontrahent bezeichnet hat oder nicht.

Es liegt allen ernsten Bankkreisen unendlich fern, irgendwie für Leute plädieren zu wollen, die Krethi und Plethi zu Börsenspekulationen verführen. Über diese Leute kann unmöglich jemand schärfer urteilen, als dies die ernsten Bankkreise selbst tun. Was sie wollen, ist einzig und allein das: daß sich Gesetz und Rechtsprechung auf richtigen Grundvorstellungen über die Art und die Abwicklung der Börsengeschäfte aufbauen.

Zwar erklärt jetzt die Börsengesetznovelle bei gewissen Voraussetzungen die Erhebung des Differenzeinwandes (z. B. unter dem Vorgeben, es läge ein Scheingeschäft vor, ernstliche Erfüllung sei ausgeschlossen gewesen, es sei nur um die Differenz gespielt worden) für unzulässig, aber gerade diese ganze gekünstelte Konstruktion der Novelle beweist, daß in ihr die eigentlichen Grundanschauungen des Börsengesetzes die alten, verfehlten geblieben sind. —

Hat nach alledem unsere gesamte Volkswirtschaft ein lebhaftes Interesse daran, daß die Vertrautheit mit dem Wesen des Geldabrechnungsverkehrs sich immer mehr ausbreitet, so darf das Bankgewerbe hierbei noch die besondere Hoffnung hegen, daß diese steigende Vertrautheit zu einer sachgemäßen Würdigung des Wesens und der Konsequenzen der kombinierten Geld- und Effektenabrechnung für den Börsen-Ultimo, besonders in allen Kreisen der Jurisprudenz, führt und mit der verfehlten Theorie vom sogenannten „Börsendifferenzgeschäft“ endlich ganz aufräumt.

Statistisches.

Umsätze auf Reichsbank-Girokonto.

Jahr	Umsatz: Milliarden	Von der Bank verrechnet	Übertragen im Platzverkehr	Übertragen im Fernverkehr	Bargeld gebraucht	Bargeld gespart	Anzahl der Girokonten
	M.	%	%	%	%	%	
1876	16,7	—	37.0	23,5	39,5	60,5	3 245
1886	57,2	7,0	37,4	27,5	28,2	71,8	7 026
1893	82,3	28.4	25,3	26,8	19,4	80,6	10 441
1900	164,0	23,0	29,5	30,6	16,8	83,2	15 847
1909	295,0	25,3	34.6	28,0	12,2	87,8	24 835
1910	314,0	25,1	35,0	27,7	12,1	87,9	24 982

Einlieferungen im sonstigen Abrechnungsverkehr.

1910 Reichbank-Abrechnungsstellen:

Berlin 19 Milliarden M., Kompensationswirkung 61,8 %
Hamburg (gesamte Abrechnung)
21 Milliarden M., Kompensationswirkung 94,8 %
18 Provinzstellen
14 Milliarden „ „ 78,0 %

54 Milliarden „ „ durchschn. 78,0 %

1910 Berliner Kassenverein:

23 Milliarden M., Kompensationswirkung $90^2/_3$ %

Zus. 77 Milliarden „ (exkl. Reichbank-Girokonto-Umsätze).

1907 Engl. Clearinghäuser: 260 Milliarden M.
1907 Amerikan. Clearinghauser: 650 „ „

Umsätze usw. im Postscheck- und Überweisungsverkehr.

1909: 9,8 Milliarden M.
1910: 18,5 „ „ (wovon 10 Milliarden Ein- und Auszahlungen in bar).
1911: zuletzt 2 Milliarden M. monatlich.
Ende Dez. 1910. Zahl der Kontoinhaber ca. 50 000.
„ Sept. 1911: „ „ „ „ 60 000.
„ Dez. 1910: Guthaben d. Kontoinhaber ca. 100 Million. M.
„ Sept. 1911: „ „ „ „ 116 „ „

Gold-Vorräte.

Ende 1910.	Millionen M		Millionen M.
In Deutschland: bei der Reichsbank	660,	im Umlauf ca.	3100
„ Frankreich: bei d. Bank v. Frankr.	2656,	„ „ „	1700
„ England: bei d. Bank v. England	625,	„ „ „	1700

Formulare:

Reichsbank-Giro-Verkehr.

Formular 1, **roter** Scheck.

Nr. .... Betrag .... M. .... Pf.

Die Reichsbank wolle dem Konto von ....

....

in .... bei der Reichsbank in ....

Mark ....

gutschreiben und dafür belasten das Konto von

(Firmastempel und Unterschrift)

(Ort) ....

den .... $\underline{\underline{\text{ten}}}$ .... 191 .... .

Formular 2, **weißer** Scheck.

Nr. .... M. ....

Die Reichsbank in Berlin

wolle zahlen gegen diesen Scheck aus $\frac{\text{meinem}}{\text{unserem}}$ Guthaben

an ....

.... oder Überbringer

Mark ....

(Firmastempel und Unterschrift)

....

(Ort) ....

den .... $\underline{\underline{\text{ten}}}$ .... 191 ....

Schecks, in welchen der Zusatz „**oder Überbringer**“ durchstrichen oder eine **Zahlungsfrist** angegeben ist, werden nicht bezahlt.

500 000
450 000
400 000
350 000
300 000
250 000
200 000
150 000
100 000
50 000
40 000
30 000
20 000
10 000
5 000
4 000
3 000
2 000
1 000
500

Reichsbank-Abrechnungsstelle.

Formular 3, **Einlieferungs-Verzeichnis.**

BERLIN, den .... ten .... 191.......

....

an

....

Stück	M.	Pf.	Summe M.	Pf.
1				
2				
3				
4				
5				
6				
7				
8				
9				
10				
11				

usw.

Reichsbank-Abrechnungsstelle.

Formular 4.

Abrechnungsstelle Berlin.

Empfangsbekenntnis.

Von ....

Abrechnungspapiere im Betrage von M. ....

empfangen zu haben, wird hiermit bescheinigt.

Berlin, den .... ten .... 191 ......

Formular 5, rosa Farbe.

Abrechnungsstelle
Berlin.

Rückgänge.

....

an

....

.... den .... ten .... 191 ......

Stück	M.	Pf.	Summe M.	Summe Pf.
1				
2				
3				
4				
5				
6				
7				
8				
9				

Reichsbank-Abrechnungsstelle.

Formular 6, **„Abrechnungsblatt"**.

BERLIN, den .... ten .... 191 ......

Soll		Firma	Haben	
		Bk. d. Berl. Kassen-Vereins.		
		Bk. f. Handel & Ind.		
		Berl. Handels-Ges.		
		S. Bleichröder.		
		usw.[1]		
		Gesamt-Summe		
		Saldo Mark		

[2]) Vorstehenden Saldo von Mark

....

....

wolle das Girokonto der Reichshauptbank dem Konto der Abrechnungsstelle zu *Lasten* / *Gunsten* des Girokontos

.... *der einliefernden Firma* ....

gutschreiben / *belasten.*

.... *Unterschrift der einliefernden Firma.* ....

Richtig.

Der Vorsteher der Abrechnungsstelle

[1]) Die weiteren Mitglieder der Berliner Abrechnungsstelle sind: Commerz- und Disconto-Bank — Delbrück, Leo & Co. — Deutsche Bank — Disconto-Gesellschaft — Dresdner Bank — C. N. Engelhard — F. W. Krause & Co. — Mendelssohn & Co. — Mitteldeutsche Creditbank — Nationalbank für Deutschland — Preußische Central-Genossenschaftskasse — Reichsbank — A. Schaaffhausenscher Bankverein — Gebr. Schickler — Seehandlung (Kgl. Preußische Staatsbank) —

[2]) Dieser Nachsatz fehlt auf dem sonst gleichen Formulare der Scheck-Austauschstelle, dem **„Austauschblatte"**.

Reichsbank-Abrechnungsstelle.

Formular 7, **blauer** Anweisungszettel.

Abrechnungsstelle Berlin.

M. ....

Berlin, den ....ten.................19..... Das Girokontor der Reichshauptbank wolle dem Konto der Abrechnungsstelle Mark ....

....

zu Lasten des Girokontos ......*der einliefernden Firma*...... gutschreiben.

Richtig. ......*Unterschrift der einliefernden Firma*......

Der Vorsteher der Abrechnungsstelle.

Formular 8, **gelber** Anweisungszettel.

Abrechnungsstelle Berlin.

M. ....

Berlin, den ....ten.................191..... Das Girokontor der Reichshauptbank wolle dem Konto der Abrechnungsstelle Mark ....

....

zu Gunsten des Girokontos ......*der einliefernden Firma*...... belasten.

Richtig. ......*Unterschrift der einliefernden Firma*......

Der Vorsteher der Abrechnungsstelle.

Reichsbank-Abrechnungsstelle.

Formular 9, **„Bilanzblatt".**[1])

Berlin, den ....ten.. 191......

Abrechnungsstelle
Berlin.

BILANZ.
I.

Debitoren		Abrechnungsstelle	Kreditoren	
		Bank des Berl. Kass.-Vereins		
		Bank für Handel & Industrie		
		Berl. Handels-Ges.		
		S. Bleichröder		
		Commerz- und Disconto-Bank		
		Delbrück, Schickler & Co.		
		Deutsche Bank		
		Disconto-Gesellsch.		
		Dresdner Bank		
		C. N. Engelhard		
		usw.		
		Summe		

Berlin, den ....ten.. 191......

Der Vorsteher der Abrechnungsstelle.

[1]) Ebenso das **„Bilanzblatt"** bei der **Scheck-Austauschstelle.**

Berliner Scheck-Austauschstelle.

Formular 10, gelb.

Berlin, den .... ten .... 191....

Nach **4** Werktagen in die Abrechnungsstelle zur **ersten** Lieferung **quittiert** einzureichendes

Verzeichnis

von ....

an ....

Stck.	M.	Pf.	Summe M.	Summe Pf.	Scheck-nummer	Zahlungsort
1						
2						
3						
4						
5						
6						
usw.						

Den Gegenwert der in vorstehendem Verzeichnisse aufgeführten Schecks haben wir durch Abrechnung erhalten.

Berlin, ...

Firmastempel
und Unterschrift. ....

Berliner Scheck-Austauschstelle.

Formular 11, gelb.

Empfangsbekenntnis.

Von ....

Schecks im Betrage von M. .... heute

empfangen zu haben, wird hiermit bescheinigt.

Berlin, den ....ten........................ 191.... .

(Firma)

Formular 12, gelb.

M. ....

Für Rücklieferung

an ....

Der am ......ten.......................... 191... eingelieferte Scheck M. ....

auf ....

kann nicht im Original zurückgeliefert werden,

weil eine Benachrichtigung über die Einlösung noch nicht vorliegt*),

weil der unbezahlt gebliebene Scheck noch nicht wieder hier eingetroffen ist*).

Obiger Betrag wird Ihnen durch die Abrechnung belastet.

Berlin, den ....ten........................ 191...... .

(Firma)

*) Das nicht Zutreffende ist zu durchstreichen.

Giro-Effekten-Verkehr beim Berliner Kassen-Verein.

Formular 13, **blauer** Effekten-Scheck,

No.............................

Berlin, den..............................

Zur Aufbewahrung im Giro-Effekten-Depot für

Herrn ....

Betrag und Name des Wertpapiers

richtig erhalten zu haben, bescheinigen wir hiermit nach Maßgabe der Geschäftsordnung.

Bank des Berliner Kassen-Vereins.

Formular 14, **weißer** Effekten-Scheck.

Innerhalb fünf Tagen zu präsentieren.

No...........................

Die Bank des Berliner Kassen-Vereins, Giro-Effekten-Depot, wird hierdurch beauftragt, aus $\frac{\text{meinem}}{\text{unserem}}$ Bestande

an Herrn.. oder Überbringer

Betrag

und Name des Wertpapiers

auszuhändigen. Berlin, den..............ten..............................19......

Unterschrift

(Firmenstempel)

Giro-Effekten-Verkehr beim Berliner Kassen-Verein.

Formular 15, **roter** Effekten-Scheck.

No. ....

Die Bank des Berliner Kassen-Vereins, Giro-Effekten-Depot, wird hierdurch beauftragt, aus $\frac{\text{meinem}}{\text{unserem}}$ Bestande für Herrn ....

.... *Betrag* ....

.... *und Name des Wertpapiers* ....

gutzuschreiben. Berlin, den ....ten.................... 191...

.... *Unterschrift* ....

(Firmenstempel)

Formular 16, **grüner** Effekten-Scheck.

No. ....

Die Bank des Berliner Kassen-Vereins, Giro-Effekten-Depot, wird hierdurch beauftragt, von $\frac{\text{meinem}}{\text{unserem}}$ Bestande zugunsten und zur Verfügung de..... Herr.....

....

.... *Betrag* ....

.... *und Name des Wertpapiers* ....

aufzubewahren. Berlin, den ....ten.................... 191.....

.... *Unterschrift* ....

(Firmenstempel)

Giro-Effekten-Verkehr beim Berliner Kassenverein.

Formular 17, **grüne** Empfangsbescheinigung.

No. .... Berlin, den ....

Von Herr ....

haben wir den von Herr ....

ausgestellten grünen Scheck No. .... über

Betrag und Name des Wertpapiers

zur Aufbewahrung gemäß § 16 der Geschäftsordnung für das Giro-Effekten-Depot empfangen.

Bank des Berliner Kassen-Vereins.

Ultimo-Skontrierung beim Liquidations-Verein.

Formular 18.

Berlin, den ....

Liquidations-Verein für Zeitgeschäfte an der Berliner Fondsbörse.

Rechnung für Herr ....

über

	M.	Pf.
120 Mille Harpener Bergbau-Aktien zum Liquidationskurse *183 %* zuzüglich Zinsen bis heute	*222 000*	—
Lieferung aus der laufenden Ultimo-Liquidation als Saldo Ihres Skontrobogens.		

Stücke in blauer Gutschrift des Giro-Effekten-Depots mit der Bezeichnung: Liquidation.

erhalten

im Auftr. d. Liquidations-Vereins für Zeitgeschäfte an der Berliner Fondsbörse.

Bank des Berliner Kassen-Vereins.

Ultimo-Skontrierung beim Liquidations-Verein.

Skontrobogen. (Anfang.)

Formular 19.

1. Teil.

Datum ....

Firma ....

.... *Name des Effekts* ....-Aktien

in Beträgen durch .... *15* .... Mille teilbar

Datum ....

	Mille. Von		Mille. An
1		Abel & Co.	
2		Aders & Co., Max	
3		Anger & Friedländer	
4		Aron, Max, Bankgeschäft	
5		Arons, Gebrüder	
6		Arons & Walter.	
7		Asch, Kurt	
8		Ascher, A.	
9		Bab & Co , Eugen	
10		Bamberger, L. M.	
11		Bank für Handel & Industrie . .	
12		Bank für Werte ohne Börsennotiz .	
13		Bank-Commandite Jaffa & Levin	
14		Bank-Commandite Simon, Katz & Co.	
15		Benda, Siegmund	
16		Bercht & Sohn	
17		Berg, Adolf	

usw.

(siehe nebenstehend Schluß des Formulars.)

Formular 19.

2. Teil.

Skontrobogen. (Schluß.)

Mille. Von		Mille. An
	Transport Transport	
303	Weigert & Co., Carl	
304	Weisbach, Max	
305	Werther & Co. Nachfolger, Theod. .	
306	Wiener, Levy & Co.	
307	Wilscheck & Co., Paul	
308	Winter, Arthur	
309	Wolff, W. & J.	
310	Wollheim, Caesar	
311	Wulkow, Eduard	
312	Zehrmann, Emil	
313	Zielenziger, Samuel	

Saldo

zu empfangen: ....

zu liefern: ....

Firma: ....

Keine Empfangsbelege!

Die Rechnung ist auf den Liquidations-Verein Oberwallstraße 3 auszustellen.

Die Stücke sind, wenn möglich, in einem roten Überweisungs-Scheck zu liefern.

FSC
www.fsc.org
MIX
Papier | Fördert
gute Waldnutzung
FSC® C083411

Kolibri 360 GmbH
Ferdinand-Jühlke-Straße 7
99095 Erfurt, Deutschland
produktsicherheit@kolibri360.de